Die Materialien enthalten Veröffentlichungen des Instituts für Kulturgeographie, Stadt- und Regionalforschung der J.W. Goethe-Universität Frankfurt am Main, die aus Diplom- und Staatsexamensarbeiten entstanden sind oder die Ergebnisse von Projekten, gutachterlichen Stellungnahmen, Tagungen, Workshops wiedergeben. Sie dokumentieren damit Ergebnisse der Arbeit des Instituts, die besonders von regionalem Interesse sind und so der wissenschaftlichen Diskussion und der praktischen Verwertung nicht vorenthalten werden sollen. Es werden bewusst und auch gerade Arbeiten von jungen Kolleginnen und Kollegen oder unter studentischer Beteiligung unseres Lehr- und Forschungsbereichs aufgenommen.

Die Deutsche Bibliothek – CIP-Einheitsaufnahme

> Der Langener Waldsee: Struktur und Potential einer regionalen Freizeiteinrichtung / Klaus Wolf; Claudia Maria Scholz; Christian Rohrbach. – Frankfurt am Main: Inst. f. Kulturgeographie, Stadt- und Regionalforschung, 2000
> (Materialien / Institut für Kulturgeographie, Stadt- und Regionalforschung der J. W. Goethe-Universität Frankfurt am Main; Bd. 30)
> ISBN 3-923218-23-0

Alle Rechte vorbehalten

© Copyright 2000 K. Wolf

J. W. Goethe-Universität Frankfurt am Main
Institut für Kulturgeographie,
Stadt- und Regionalforschung
Senckenberganlage 36
D-60325 Frankfurt am Main

ISSN   0170-897 X

ISBN 3-923218-23-0

Bestellungen an:

Dr. Franz Schymik
J. W. Goethe-Universität Frankfurt am Main
Institut für Kulturgeographie, Stadt- und Regionalforschung
Senckenberganlage 36
D-60325 Frankfurt am Main

Titelfoto: Klaus Wolf 7/1997

Herstellung: Books on Demand GmbH, Norderstedt

INSTITUT FÜR KULTURGEOGRAPHIE, STADT- UND REGIONALFORSCHUNG
DER J. W. GOETHE-UNIVERSITÄT FRANKFURT AM MAIN
Prof. Dr. Klaus Wolf

Schriftleitung: Dr. Franz Schymik

MATERIALIEN 30

Der Langener Waldsee
Struktur und Potential einer Freizeiteinrichtung

von

Klaus Wolf, Claudia Maria Scholz
und Christian Rohrbach

Frankfurt am Main 2000

Vorwort

Nach der Untersuchung des Schultheisweihers im Bürgel-Rumpenheimer Mainbogen ist- dankenswerterweise wiederum in Zusammenarbeit mit dem Umlandverband Frankfurt – die Erhebung am Langener Waldsee zustande gekommen. Auch hier konnte die anwendungsorientierte Pflichtveranstaltung des Grundstudiums im Studiengang Diplomgeographie durch die Kooperation mit dem Umlandverband sehr praxisnah gestaltet werden.

Studentische Teilnehmerinnen und Teilnehmer an dem Proseminar „Geographie der Freizeit" und dem damit verbundenen Praktikum in SS 1997 waren:

Caliendo Susanna	Jaskolski, Tina	Morganti, Fabian
Dziedzioch, Cornelia	Jerzembek, Jens	Ott, Maren
Eberz, Oliver	Kades, Nancy	Schwanzer, Clemens
Fendel, Kathrin	Kirchmann, Michael	Seibel, Markus
Haberstroh, Michael	Methling, Sven	Stadler, Simon

Die überarbeiteten Ergebnisse dieser Veranstaltung werden hiermit vorgelegt und bilden einen weiteren Baustein im Rahmen der Untersuchungen des Instituts zur Verwendung der Freizeit der Bewohner des Rhein-Main-Gebiets.

Das Manuskript wurde im Herbst 1998 abgeschlossen. Eine Reihe von nicht vorhersehbaren Umständen, vor allem auch hinsichtlich der zu erbringenden Druckkosten, haben die Veröffentlichung der Arbeit verzögert. Nicht zuletzt das neu eingeführte Druckverfahren „on Demand" hat hier eine spürbare Entlastung gebracht.

Den Studierenden sei für ihre engagierte Arbeit, Dipl.-Ing. Elke Alban und Dorothy Hauzar sei gedankt für engagierte Betreuung der Kartographie, der Druckerstellung und des Layouts.

Frankfurt am Main, im November 2000

Klaus Wolf

Inhaltsverzeichnis

		Seite
1.	**Einführung**	9
1.1	Voraussetzungen der Untersuchung	9
1.1.1	Ausgangssituation	9
1.1.2	Aufgabenstellung im Rahmen des Geländepraktikums	15
1.2	Bemerkungen zur Methode	16
2.	**Der Langener Waldsee - Struktur und Nutzerpotential**	18
2.1	Sozio-demographische und -ökonomische Merkmale der Besucher des Langener Waldsees	18
2.1.1	Alter, Geschlecht	18
2.1.2	Haushalt, Familienstand	22
2.1.3	Soziale Stellung, Einkommen und Beruf	25
2.1.4	Wohnverhältnisse	30
2.2	Einzugsbereich, Erreichbarkeit und Verkehrsmittelwahl	31
2.2.1	Einzugsbereich des Langener Waldsees	32
2.2.2	Erreichbarkeit des Langener Waldsees	42
2.3	Nutzung des Langener Waldsees in ihrer zeitlichen und räumlichen Verteilung	48
2.3.1	Dauer, zeitliche Verteilung und Häufigkeit des Aufenthalts	48
2.3.2	Unterschiedliche Nutzungszonen	58
2.4	Aktivitätenspektrum der Besucher am Langener Waldsee	61
2.4.1	Aktivitäten der Besucher	62
2.4.2	Nutzung bestimmter Einrichtungen	70
2.5	Langener Waldsee - Bewertung einer Freizeiteinrichtung	72
2.5.1	Allgemeine Bewertung des Badesees und seines Freizeitangebots	73
2.5.2	Bewertung des Freizeitangebots im einzelnen	79
3.	**Zusammenfassung**	89
4.	**Literatur**	101
5.	**Anhang**	103

Abbildungsverzeichnis

		Seite
Abb. 1:	Die räumliche Lage des Langener Waldsees in der Region	14
Abb. 2:	Verteilung der Befragten nach dem Geschlecht	19
Abb. 3:	Verteilung der Befragten nach Altersgruppen	20
Abb. 4:	Vergleich der Befragung nach Altersgruppen von Langener Waldsee und Schultheisweiher	21
Abb. 5:	Verteilung der Befragten nach Haushaltsgrößen	23
Abb. 6:	Vergleich der Befragung nach Haushaltsgrößen von Langener Waldsee und Schultheisweiher	23
Abb. 7:	Verteilung der Befragten nach dem Familienstand	24
Abb. 8:	Verteilung der Befragten nach der Schulbildung	26
Abb. 9:	Verteilung der Befragten nach Einkommensverhältnissen	28
Abb. 10:	Der Einzugsbereich des Langener Waldsees nach Postleitbezirken (Badegäste)	35
Abb. 11:	Der Einzugsbereich des Langener Waldsees nach Postleitbezirken (Wassersportler)	36
Abb. 12:	Der Einzugsbereich des Langener Waldsees nach Postleitbezirken (Camper)	37
Abb. 13:	Besucher an den Befragungstagen nach Autokennzeichen	39
Abb. 14:	Zufriedenheit mit der Erreichbarkeit nach Verkehrsmitteln	45
Abb. 15:	Einzugsbereiche und Routen der Radfahrer zum Langener Waldsee	60
Abb. 16:	Freizeit-Infrastruktur am Langener Waldsees	64
Abb. 17:	Vergleich der Aktivitäten der Badegäste bei Badewetter	66
Abb. 18:	Vergleich der Aktivitäten der Badegäste bei Nichtbadewetter	68
Abb. 19:	Zufriedenheitsprofil der Besucher des Langener Waldsees	80

1. Einführung

1.1 Voraussetzungen der Untersuchung

1.1.1 Ausgangssituation

„Freizeit ist der neue Gott der Deutschen!" - Dieser Ausspruch des ehemaligen Bundeskanzlers Helmut Kohl, der sicher nicht ohne Grund als letzte von insgesamt 54 Definitionen des Begriffes Freizeit in das Ende der 90er Jahre erschienene Handbuch „Freizeit Professionell" aufgenommen wurde, dokumentiert wohl noch deutlicher als das vor einiger Zeit kreierte Wort vom kollektiven Freizeitpark die Bedeutung, die der Freizeit in unserem Land inzwischen beigemessen wird. Trotz der weithin verbreiteten Klagen über „Zu wenig Zeit!" hat die freie Zeit in den vergangenen Jahren und Jahrzehnten für den größten Teil der bundesdeutschen Bevölkerung erheblich zugenommen - und dies ungeachtet der Tatsache, dass die Angaben zu Ausmaß bzw. Umfang der Freizeit auch im Rahmen offizieller Statistiken mit einiger Vorsicht interpretiert werden sollten, da Abweichungen in einer nicht zu vernachlässigenden Größenordnung weniger die Ausnahme denn die Regel darstellen. Selbst im Hinblick auf eindeutig quantifizierbare Größen wie z.B. die Zahl der durchschnittlichen Tages- oder Wochenfreizeit (in Stunden), des Jahresurlaubs (in Tagen) usw. können je nach Quelle der Angaben erstaunliche "Asymmetrien" festgestellt werden, so dass auch in Anbetracht der mittlerweile vorhandenen Datenfülle eine korrekte - und mehr noch: eine über die „statistical correctness" hinausgehende allgemein verbindliche! - Abschätzung des „durchschnittlichen" Freizeitvolumens als ein unerwartet schwieriges Unterfangen angesehen werden muss.

Die Gründe hierfür sind sehr unterschiedlicher Art: So zeichnet sich der Terminus „Freizeit" durch eine begriffliche Unschärfe aus, die dazu führt, dass Freizeit gegenüber anderen Zeiten kaum eindeutig abgegrenzt werden kann. Die aus diesem Umstand abzuleitende Vielfalt der Freizeitbegriffe und -definitionen vermag wiederum die quantitativen Unterschiede zu erklären, die sich bei der Berechnung des Freizeitvolumens ergeben können, wobei andere Probleme wie etwa der Bezug auf voneinander abweichende Zeitrahmen (Tag, Woche, Monat, Jahr, Lebenszeit) oder verschiedene Grundgesamtheiten (Gesamtbevölkerung versus einzelne Teilgruppen) u.ä. hinzukommen. Die zweite Ursache liegt in der Subjektivität einer solchen Einschätzung seitens der Befragten begründet. Als Beispiel hierfür kann eine bei LÜDTKE 1990 veröffentlichte Übersicht, die vom Presse- und Informationsamt der Bundesregierung herausgegeben wurde, gelten: Danach hat sich der Umfang der „individuell verfügbaren freien Zeit pro Tag" in den letzten 35 Jahren objektiv betrachtet fast verdoppelt (von etwa 4 auf knapp 8 Stunden!), während nach der subjektiven Einschätzung die Freizeit im gleichen Zeitraum lediglich von rund 2½ auf dann ungefähr 6 Stunden zunahm. Diese Werte lagen nicht nur deutlich unter den objektiv ermittelten Zahlen; auch die Differenz hatte sich im Laufe der Jahre von ca. 1½ auf nunmehr fast 2 Stunden erhöht, was als Indiz für einen subjektiv immer stärker empfundenen Zeitdruck interpretiert werden kann (LÜDKE

1990, 137). Vor dem Hintergrund solcher „Ungenauigkeiten" muss jede auch nur „ungefähre" Übersicht zur quantitativen Entwicklung der Freizeit und zum Freizeitvolumen mit Zurückhaltung betrachtet werden. Nichtsdestotrotz bleibt die Tatsache als solche bestehen: Wir verfügen - auch wenn uns unsere subjektive Einschätzung hier mitunter trügt - über mehr freie Zeit als je zuvor.

Darüber hinaus stellt ROMEISS-STRACKE in einer Veröffentlichung, die bereits auf das Jahr 1987 zurückgeht, aber in ihren Kernaussagen sicher bis heute Gültigkeit besitzt, fest, dass unabhängig von der rein faktischen Zunahme der freien Zeit vor allem in den 80er Jahren eine „Umgewichtung von Arbeit und Freizeit im persönlichen Wertesystem wachsender Teile der Bevölkerung" stattgefunden hat. Eine solche Umgewichtung oder auch „Umbewertung des Lebenssinns", wie es OPASCHOWSKI nur wenig später bezeichnet, hat folgerichtig mit dazu beigetragen, dass innerhalb unserer Gesellschaft ein Lebensstil an Gewicht gewinnen konnte, der sich durch den Wunsch nach Selbstverwirklichung, Entfaltung der Persönlichkeit, ja sogar Lebensgenuss und insbesondere die Tendenz zu einer stärkeren persönlichen Sinnerfüllung auch außerhalb der Erwerbstätigkeit auszeichnet. Diese Einstellung schlägt sich heute nicht nur in einem ausgeprägten Freizeitbewusstsein der Bevölkerung mit einem deutlich artikulierten und u.U. sogar einklagbaren Recht auf Freizeit und Urlaub nieder; es haben sich auch Verhaltensweisen herausgebildet, die nur in der arbeitsfreien Zeit möglich sind und für die eigene Räume, Ausrüstungsgegenstände, Verkehrswege - kurz: eine umfassende Freizeitinfrastruktur - von der öffentlichen Hand bereitgestellt werden müssen. Parallel dazu konnte sich ein Wirtschaftszweig „Freizeitwirtschaft" mit über vier Millionen Arbeitsplätzen entwickeln, der auch die konjunkturelle Schieflage der Gesamtwirtschaft in der Bundesrepublik Deutschland bis in die jüngste Zeit hinein relativ unbeschadet (und z.T. sogar mit erheblichen Zuwachsraten!) zu überstehen verstand (vgl. hierzu ROMEISS-STRACKE 1987, 17).

Gleichzeitig ist der Freizeitsektor als ein (immer noch!) wachsender Markt durch eine enorme Schnell- bzw. Kurzlebigkeit seiner „Produkte" gekennzeichnet, da die Freizeit infolge der Aufblendung einer Vielzahl von Wahlmöglichkeiten einem permanenten Auflösungsprozess unterliegt: „Die Vervielfältigung von Optionen in der Freizeit geht Hand in Hand mit einer zunehmenden Freizeitorientierung und Differenzierung von Freizeitgütern: Nach ihren präferierten Freizeitaktivitäten befragt, ergibt sich heute eine weit größere Zahl als früher. 1974 lag die Zahl der frei genannten Aktivitäten noch bei durchschnittlich vier, zwölf Jahre später bei dreizehn (GROSS/GARHAMMER/ECKHARDT 1988, 15). Besonders deutlich wird dies an der Vervielfachung und Ausdifferenzierung der Sportarten und zugehöriger Utensilien. Im Zeitschriftenhandel ist die Fülle von darauf zugeschnittenen Fachzeitschriften zu studieren. Auf den Sportmessen ist die Variationsbreite etwa des Schuhwerks für unzählige Sportarten zu bestaunen. Der Squashschuh zum Beispiel ist streng vom Tennisschuh zu unterscheiden. Von letzteren wiederum erzeugt der führende Hersteller in Europa an die 500 Modelle in jedem Jahr neu.

All dies hat zwar die Flüchtigkeit von Moden. Wenn jedoch immerzu eine Mode die nächste ablöst, indiziert dies einen Trend in der modernen Freizeit." (GARHAMMER 1996, 90).

Selbst wenn die hier angedeuteten Aspekte zum Thema „Freizeit" kaum mehr als einen Einblick in die Vielfalt der diesbezüglichen Fragestellungen zu leisten vermögen, lässt sich aus dem bisher Gesagten eine erste - und für die betroffenen Freizeiteinrichtungen durchaus ambivalente - Schlussfolgerung ziehen: Der grundsätzlichen Bedeutung des Faktors „Freizeit" auf der einen Seite steht auf der anderen Seite die enorme Flüchtigkeit der verschiedenen Freizeittrends gegenüber. So ist zwar ein großer Teil der Bevölkerung bereit, einen außergewöhnlichen zeitlichen wie auch finanziellen Aufwand für dieses Bedürfnis „Freizeit", sofern man es so bezeichnen will, zu betreiben; gleichzeitig ist jedoch das Freizeitverhalten, vor allem wenn man es weniger unter quantitativen denn unter qualitativen Gesichtspunkten betrachtet, sehr viel differenzierter geworden. Unterschiedliche und mitunter recht kurzlebige Einflüsse, die sich in einem breiten Spektrum äußerst divergierender Motivationen widerspiegeln, rufen jedoch zusammen mit nicht immer rational zu begründenden Vorstellungen darüber, wie man seine Freizeit „angemessen" verbringen sollte, folgenschwere Verdrängungseffekte hervor. Die in diesem Spannungsfeld sich bewegenden Freizeiteinrichtungen unterliegen einem strengen Ausleseprozess, der dazu führt, dass diejenigen Einrichtungen, die sich den ständig wandelnden Bedürfnissen ihrer Nutzer nicht oder nur unzureichend anzupassen verstehen, „aus dem Markt fallen".

Der häufig erhobene Einwand, dass die Frage nach der Effizienz, der Rentabilität, der Wirtschaftlichkeit bei öffentlichen Freizeiteinrichtungen allenfalls eine sekundäre Rolle spielen könne, ist zunächst nicht von der Hand zu weisen. Im Gegensatz zu den entsprechenden kommerziellen Freizeitangeboten sehen sich nämlich die Städte und Gemeinden vor die Aufgabe gestellt, Sportplätze, Turnhallen, Schwimmbäder u.ä. zu unterhalten, um eine flächendeckende „Grundversorgung" der Bevölkerung mit solchen Einrichtungen sicherzustellen. Dennoch vermag dieser Einwand letztendlich nicht zu überzeugen, da es sich auch die öffentliche Hand nicht leisten kann, an den Bedürfnissen der Nutzer vorbei zu planen und mehr noch: zu investieren. In Zeiten zunehmend knapper Kassen, in denen nicht nur Planung und Bau, sondern auch die Aufrecht- und Instandhaltung der bereits bestehenden Freizeiteinrichtungen mit immer geringer werdenden finanziellen Mitteln geleistet werden muss, kommt der Auslastung solcher Einrichtungen eine um so größere Bedeutung zu. Zur Vermeidung teurer Fehlinvestitionen müssen daher noch geplante Freizeitanlagen so attraktiv gestaltet werden, dass sie im Wettbewerb mit anderen Einrichtungen bestehen können, während die vorhandenen Angebote - nicht zuletzt im Hinblick auf die immer wieder so nachdrücklich geforderte „Kundenorientierung" öffentlicher Einrichtungen - kontinuierlich auf ihre Akzeptanz durch die jeweiligen Nutzerkreise überprüft werden müssen. Denn nur so ist es möglich, im Falle eines drohenden oder bereits eingetretenen Attraktivitätsverlustes rechtzeitig eingreifen und notwendige Veränderungen herbeiführen zu können.

Allerdings drängt sich vor diesem Hintergrund die Frage auf, wie trotz der „Sprunghaftigkeit" der derzeit zu beobachtenden Freizeittrends und der daraus resultierenden Vielfalt des Freizeitverhaltens den diesbezüglichen Einrichtungen eine Perspektive geboten werden kann, die jenseits jeder schnellen Befriedigung der gerade eben aktuellen Nachfrage auch die Option auf längerfristige Entwicklungschancen offen lässt. Wenn sich die Gestaltung von Freizeit - fast einer Modeströmung mit In- und Out-Effekten vergleichbar - in immer kürzeren Abständen verändert, dann verändern sich in eben solchen Abständen die Anforderungen derjenigen, die Freizeit- und Erholungseinrichtungen besuchen. Sich auf immer wieder neue Wünsche und Bedürfnisse seitens der Nutzer einzustellen und ihnen soweit wie möglich gerecht zu werden, ist daher eine notwendige Voraussetzung für die Existenzfähigkeit von Freizeiteinrichtungen; sie birgt aber auch Gefahren, wenn zugunsten kurzlebiger Erfolge („Liege ich mit meinem Angebot im Trend?") längerfristige Ziele im Sinne einer nachhaltigen Entwicklung vernachlässigt werden. Und dies gilt für öffentliche Freizeit- und Erholungseinrichtungen, deren Betrieb sich weniger am Standpunkt der Gewinnmaximierung denn an der Deckung von Grundbedürfnissen orientiert, mindestens ebenso sehr wie für kommerzielle Angebote.

Der Herausforderung, zwischen zwei so deutlich voneinander abweichenden Zielvorstellungen einen „goldenen Mittelweg" zu finden, kann sich auch der „Langener Waldsee" auf Dauer nicht entziehen. Um als Freizeitangebot (und zwar ein Angebot unter vielen!) weiterhin akzeptiert zu werden, ist es trotz der großen Beliebtheit, der sich der See erfreut, erforderlich, auf die Anliegen und Ansprüche der Besucher möglichst flexibel zu reagieren. Von dieser grundsätzlichen Notwendigkeit sind die Badeseen in besonderer Weise betroffen, stellen sie doch zusammen mit den Frei- und Hallenbädern im Rahmen der bestehenden „wasserbezogenen" Freizeiteinrichtungen ein eher „konservatives" Angebot dar, welches mit neuen Formen wie Spaßbäder u.ä. konkurrieren muss. Immerhin entsteht die hier vorliegende Stellungnahme zur Struktur und Nutzung des Langener Waldsees zu einer Zeit, in der die Grundlagen des oben in Ansätzen dargestellten Freizeitverhaltens einschneidenden Veränderungen unterworfen sind. Die bislang recht stetig verlaufende Entwicklung hin zu mehr Freizeit pro Tag, pro Woche, pro Jahr bei gleichzeitig wachsenden Einkommen scheint infolge der momentanen Wirtschaftslage, die eher durch eine langandauernde Phase der Konsolidierung und Rezession denn optimistischer Zuwächse gekennzeichnet ist, - allen Beschwörungen zum Trotz (32-Stunden-Woche!) - verhaltener zu verlaufen. Hat sich die Freizeit- und Einkommensentwicklung der Bevölkerung bislang positiv auf den Freizeitsektor ausgewirkt, so werden bei einer anhaltend hohen bzw. sogar steigenden Arbeitslosenquote und einem allgemein schlechten Konsumklima auch seitens des Freizeitgewerbes stagnierende Ergebnisse oder gar Einbußen hingenommen werden müssen.

Ob dies einem Angebot wie dem Langener Waldsee im Vergleich zu aufwendigen und daher für die Besucher auch sehr kostspieligen Einrichtungen wie Spaßbädern, Wasserparks u.ä. zugute kommen könnte, bleibt zunächst abzuwarten.

In der Zwischenzeit kann es sich als sinnvoll erweisen, Struktur und Nutzung der Freizeiteinrichtung „Langener Waldsee" einer genaueren Analyse zu unterziehen, um etwa vorhandene Schwachstellen aufdecken und notfalls korrigierend eingreifen zu können. Zu einer solchen Analyse gehört zunächst eine Untersuchung der Angebotsstruktur im Vergleich zur Zusammensetzung der Nutzer und ihren Wünschen und Bedürfnissen im Hinblick auf das, was sie als Nachfrager am Langener Waldsee vorzufinden erhoffen. Hierzu gehören Fragen der Erreichbarkeit des Langener Waldsees, die zeitlichen und räumlichen Aufenthaltsmuster der Besucher und ihre dortigen Aktivitäten; und hierzu gehören die Bewertung des Badesees durch die verschiedenen Nutzergruppen sowie Aussagen zu sonstigen Wünschen und Anregungen, die dazu beitragen könnten, den See als Freizeit- und Erholungseinrichtung noch attraktiver zu gestalten. Auf der Basis solcher Informationen können dann diejenigen Maßnahmen in die Wege geleitet werden, die erforderlich sind, um den Langener Waldsee und das dort gelegene Strandbad inklusive seiner Teilbereiche (Textil- und FKK-Bereich, Zeltplatz, Parkplatz etc.) als eine an den Prinzipien der Wirtschaftlichkeit orientierte Einrichtung zu etablieren. Dies ist sicher ein ehrgeiziges Ziel, aber auch ein Ziel, dem vor dem Hintergrund der chronisch knappen öffentlichen Kassen verstärkte Aufmerksamkeit gewidmet werden sollte.

Dabei können Maßnahmen zur Entwicklung des Freizeit- und Erholungsgebietes „Langener Waldsee" auf recht günstigen Voraussetzungen aufbauen. Seine räumliche Lage im Verdichtungsraum „Rhein-Main" (vgl. Abb. 1) - „in einem geschlossenen Waldgebiet ca. 5 km nordwestlich des Stadtzentrums von Langen bzw. ca. 15 km südwestlich von Frankfurts Stadtmitte (...) relativ mittig zwischen den Ortschaften Walldorf (im Westen), Zeppelinheim (im Norden), Buchschlag (im Osten) und Langen (im Südosten)" (vgl. GÖTTE 1995, 5) - lassen zusammen mit einem gut ausgebauten Verkehrsnetz sowie der hohen Bevölkerungsdichte im Einzugsgebiet (vgl. hierzu Kap. 2.2) vor allem im Hinblick auf die Frequentierung bzw. Auslastung der dortigen Freizeiteinrichtungen positive Impulse erwarten. Es kommt hinzu, dass der See, und mehr noch: das Leben am See, ein „Produkt der siebziger Jahre" darstellt, also auf eine Zeit zurückgeht, zu der etwa der Besuch eines FKK-Strandes fast revolutionären Charakter hatte. Die damals entstandene ganz eigene Bade- ja, fast möchte man sagen: Lebenskultur ist zumindest in Teilen bis heute bewahrt worden und bietet trotz einer mitunter etwas idyllisch-verklärt anmutenden Sichtweise vielen Besuchern einen zusätzlichen Anreiz für den Aufenthalt am See. Auf diesen Aspekt wird in den folgenden Ausführungen noch genauer einzugehen sein.

Abb. 1: Die räumliche Lage des Langener Waldsees in der Region

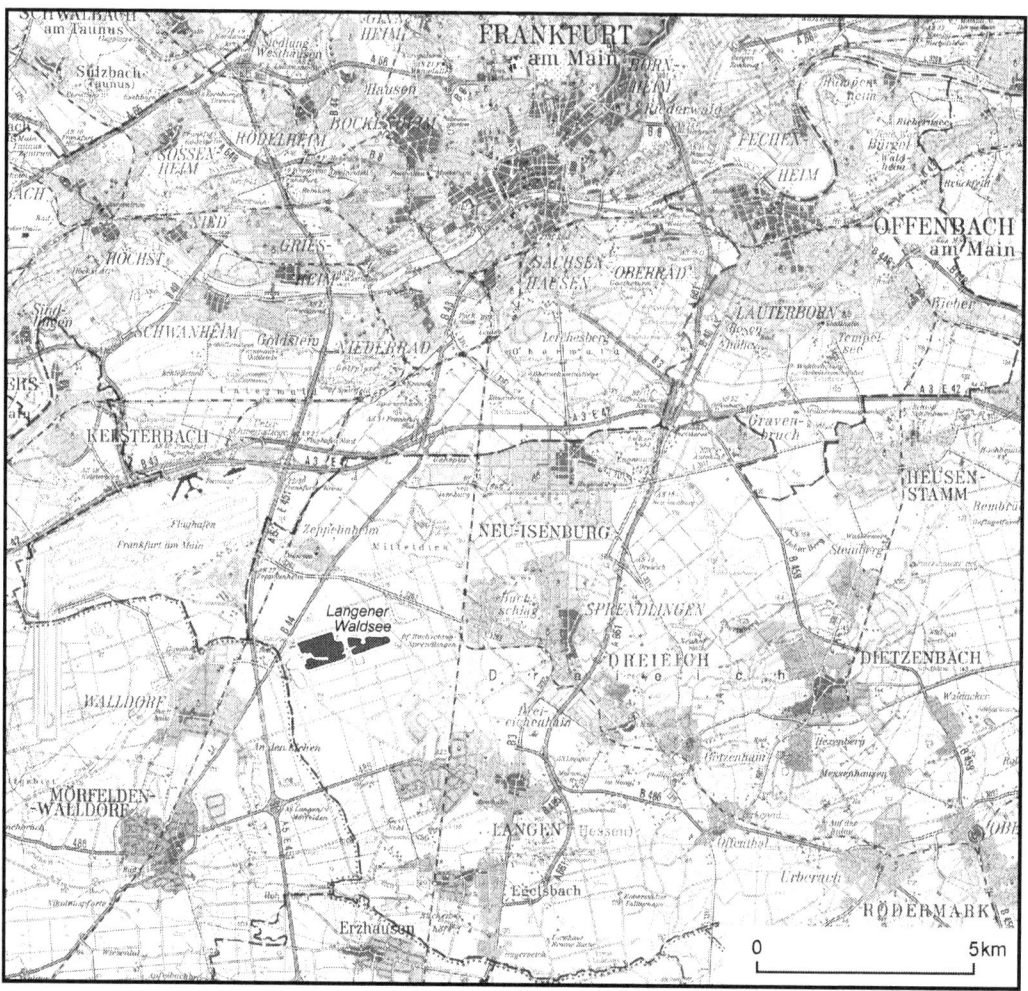

Kartengrundlage: Topographische Gebietskarte 1:100 000 Region Rhein-Main, Hessisches Landesvermessungsamt 1997.

Die auf eher kurzfristige Erfolge angelegten Bemühungen, das Freizeit- und Erholungsgebiet „Langener Waldsee" so attraktiv wie möglich zu gestalten, sind im Rahmen eines diesbezüglichen Maßnahmenkatalogs sicherlich als wichtiger Bestandteil anzusehen. Dass darüber längerfristige Entwicklungsperspektiven nicht in den Hintergrund geraten (dürfen), zeigen die bisherigen Planungen für den Bereich des Langener Waldsees, wobei bei allen Vorhaben - sei es der ursprünglich einmal beabsichtigte Ausbau einer Ruderregattastrecke, sei es die Schaffung eines großen bzw. mehrerer kleinerer Seen in verschiedenen Varianten und „Ausführungen" - die Frage nach der Verträglichkeit bzw. Vereinbarkeit der einzelnen Nutzungen im Umfeld des Sees stets im Mittelpunkt der Diskussionen stand (vgl. hierzu die verschiedenen Planungsvarianten des Umlandverbandes Frankfurt vom April 1982 bzw. den Erläuterungsbericht zum landschaftsplanerischen Entwurf vom Februar 1995). Im Falle des Langener Waldsees sind es vor allem wirtschaftliche Interessen (Kiesabbau), Freizeitaktivitäten (Wassersport, Badebetrieb) sowie ökologische Forderungen (Natur- und Landschafts-, insbesondere Gewässerschutz), die mit ihren je eigenen Belangen und Erfordernissen z.T. sehr kontrovers aufeinandertreffen. Hier vermittelnd einzugreifen und auf die an den jeweiligen Entscheidungen Beteiligten im Sinne einer tragfähigen Kompromisslösung einzuwirken, sollte vorrangiges Ziel aller zukünftigen Planungsüberlegungen sein. Dass dieses Problem in seiner ganzen Bedeutung nicht nur erkannt ist, sondern auch mit dem Ziel eines gegenseitigen Interessensaustausches angegangen wird, spiegeln die diesbezüglichen Aussagen des Umlandverbandes Frankfurt am Main, der das Freizeit- und Erholungsprojekt „Langener Waldsee" betreut, wider: „Das Erholungsgebiet muss ausgebaut werden, ohne dass seine Naturnähe und seine Weitläufigkeit darunter leiden.", „... das Freizeitangebot im Erholungsgebiet Langener Waldsee verbessern und den durch Kiesabbau entstandenen Landschaftsschaden beseitigen. Naturbelassene Zonen sollen Belastungen ausgleichen, die durch die große Besucherzahl für die Natur entstehen.", „Nur die notwendige Infrastruktur ... wird geschaffen, um diesen Bereich so naturnah wie möglich zu gestalten." ...

1.1.2 Aufgabenstellung im Rahmen des Geländepraktikums

Im Juli 1997 wurde von einer Gruppe von Studierenden des Fachbereichs Geographie der Johann Wolfgang Goethe-Universität zu Frankfurt am Main im Rahmen ihrer Ausbildung während des Grundstudiums ein Geländepraktikum durchgeführt, in dessen Verlauf die notwendigen Vorarbeiten für die hier vorliegende Untersuchung zur Struktur und Nutzung der Freizeiteinrichtung „Langener Waldsee" erbracht werden sollten. Dieses Verfahren bietet u.a. die Chance, zukünftige Diplomgeographen und Diplomgeographinnen schon frühzeitig mit anwendungsrelevanten Fragestellungen und deren empirischer Bearbeitung vertraut zu machen. Das Ziel der Arbeiten, die in den folgenden Kapiteln noch ausführlicher diskutiert werden müssen, bestand darin, das empirische Material als Grundlage für die geforderte Stellungnahme zu erheben. Auf der Basis der so gewonnenen Ergebnisse können vorhandene Problembereiche für die Praxis lokalisiert, analysiert und mögliche Lösungsansätze aufgezeigt werden.

Letztere können im Rahmen dieser Ausführungen nur in Umrissen skizziert werden; weiterführende Entscheidungen haben die politisch Verantwortlichen auf der Grundlage der wissenschaftlichen Erkenntnisse zu fällen und zu verantworten. Dabei kann es schon als ein wichtiger Schritt in die richtige Richtung angesehen werden, wenn durch eine solche Stellungnahme das Bewusstsein für die vorhandene Situation, für die Chancen, aber auch die nicht zu verleugnenden Probleme und Schwierigkeiten wächst und bei allen Beteiligten eine sachliche und an der Lösung der Probleme orientierte Diskussion in Gang gesetzt wird.

1.2 Bemerkungen zur Methode

Als eine wesentliche Voraussetzung für die Strukturanalyse der Freizeiteinrichtung „Langener Waldsee" wurden im Rahmen des studentischen Praktikums umfangreiche Befragungen durchgeführt. Die Befragung erfolgte mittels standardisierter Fragebögen, wobei neben den Badegästen und den Zeltern/Campern am See auch die dort „aktiven" Wassersportler, darunter Segler, Surfer und Angler, sowie die in unmittelbarer Umgebung des Sees anzutreffenden Fußgänger und Radfahrer berücksichtigt wurden. Die Gesamtzahl der Befragten belief sich bei den Badegästen auf 354 und bei den Zeltern/Campern auf 29 Personen. Bei den Wassersportlern erklärten sich insgesamt 51, bei den Fußgängern 27 und bei den Radfahrern 156 der angesprochenen Personen zur Beantwortung des Fragebogens bereit.

Anschließend wurden die zur Verfügung stehenden Befragungsergebnisse für die EDV-Bearbeitung aufbereitet, kodiert und auf PC eingegeben. Die Resultate der statistischen Auswertung liegen in Tabellenform vor und sind dieser Stellungnahme als Anhang beigefügt. Da bei der Befragung der Badegäste auf eine relativ große Stichprobe zurückgegriffen werden konnte, wurden in diesem Falle einzelne Fragen mit verschiedenen demographischen und bestimmten Aufenthaltsmerkmalen der Badegäste in Beziehung gesetzt. Zu den demographischen Merkmalen zählten beispielsweise die Angaben zu Geschlecht, Alter, Familie, Einkommen etc., während Kriterien wie Erstbesuch (ja/nein), Gruppengröße und Begleitpersonen oder auch der Standort (Wo wurde die befragte Person angetroffen?) zu den Aufenthaltsmerkmalen zusammengefasst wurden. Die Ergebnisse dieser Korrelationen können ebenfalls dem Anhang entnommen werden.

Um auch die Sichtweise derjenigen berücksichtigen zu können, die für den geregelten Ablauf des Freizeit- und insbesondere des Badebetriebs am See verantwortlich sind, wurden sogenannte Expertengespräche mit ausgewählten Personen wie z.B. dem Bademeister des Strandbades, den Vertretern der Vereine u.a. durchgeführt. Die besonderen Kenntnisse dieser so bezeichneten Schlüsselpersonen im Hinblick auf die Verhältnisse am Langener Waldsee können dazu beitragen, eine notwendigerweise sehr allgemeine Datenbasis zu ergänzen und weiter zu vertiefen. Die im Rahmen dieser Gespräche getätigten Aussagen, die als Tonbandprotokolle bzw. deren Abschriften vorliegen, werden an den entsprechenden Stellen in diesen Endbericht eingebracht. Sie sind durch Kursivschrift von den übrigen Darstellungen abgesetzt und somit als persönliche Auffassung ihrer „Urheber" kenntlich gemacht.

Als weitere Grundlage für die Erstellung der Strukturanalyse „Langener Waldsee" wurde seitens der Studierenden eine vollständige Funktionskartierung des Sees und seiner unmittelbaren Umgebung vorgenommen. Dabei wurde auf eine möglichst detailgetreue Beschreibung der Freizeit-Infrastruktur besonderer Wert gelegt; von der Liegewiese über den FKK-Bereich bis hin zu Badestrand und Campingplatz, von der Wasserrutsche über den Trimm-Dich-Pfad bis zum Bootsverleih wurden alle vorhandenen Freizeiteinrichtungen und -angebote erfasst und mittels geeigneter Flächen- bzw. Punktsymbole kartographisch dargestellt. Entsprechendes gilt für die Darstellung des Einzugsbereiches des Langener Waldsees. Nachdem an verschiedenen Wochentagen (Sonntag, 20.7.1997; Mittwoch, 23.7.1997 und Donnerstag, 24.7.1997) die Kennzeichen der PKWs, die den Parkplatz am See ansteuerten, notiert worden waren, konnten die auf der Basis dieser Kennzeichen ermittelten Herkunftskreise und -städte der Besucher auf PC erfasst und in Übersichtskarten umgesetzt werden. Diese Karten sind ebenso wie die Differenzierung der Einzugsbereiche nach unterschiedlichen Besuchergruppen (Badegäste, Wassersportler, Camper) und die Routen der Radfahrer, die anhand der Befragungsergebnisse rekonstruiert wurden, in Kapitel 2.2 „Einzugsbereich, Erreichbarkeit und Verkehrsmittelwahl" abgebildet.

2. Der Langener Waldsee – Struktur und Nutzerpotential

2.1 Sozio-demographische und -ökonomische Merkmale der Besucher des Langener Waldsees

Da die Entscheidung darüber, wie Freizeit verbracht wird, in besonderem Maße durch Faktoren beeinfluss wird, die auf generative und sozio-ökonomische Strukturmerkmale zurückgeführt werden können, ist es sinnvoll, sich zu Beginn dieser Untersuchung zunächst einen Überblick darüber zu verschaffen, durch welche sozio-demographischen Merkmale sich die Besucher am Langener Waldsee auszeichnen. Hierzu gehören Aussagen zur Alters- und Geschlechterstruktur ebenso wie Informationen zu Haushalt und Familienstand oder zur sozialen Stellung, welche sich u.a. im Einkommen, der beruflichen Tätigkeit, aber auch in den Wohnverhältnissen widerspiegelt. Diese Angaben werden nun differenziert nach den verschiedenen Gruppen der Befragten (Badegäste, Zelter/Camper, Wassersportler, Fußgänger und Radfahrer) dargestellt, wobei die Ergebnisse der Befragung im einzelnen den Tabellen im Anhang entnommen werden können.

2.1.1 Alter und Geschlecht

Da ungeachtet der differenzierenden Einflüsse auf den Anteil der beiden Geschlechter in den verschiedenen Jahrgangsstufen innerhalb der Gesamtbevölkerung eine weitgehende Gleichverteilung von Männern und Frauen festgestellt werden kann, erscheint es zulässig, auch im Hinblick auf das Geschlecht der am Langener Waldsee befragten Personen in erster Näherung von einem ungefähr ausgeglichenen Verhältnis auszugehen. Allerdings erweist sich diese Schlussfolgerung in Anbetracht der hierzu erhobenen Daten nur z.T. als gerechtfertigt. So waren zwar von den insgesamt 354 befragten Badegästen 55,1% männlichen und 43,8% weiblichen Geschlechts, aber ähnlich ausgewogene Werte treten sonst nur noch bei den Campern mit einem Anteil von 44,8% männlichen und 51,7% weiblichen Befragten auf. In allen anderen Fällen, also bei den Wassersportlern, den Fußgängern und Radfahrern weichen die entsprechenden Zahlen von der erwarteten Gleichverteilung erheblich ab (Wassersportler: 70,6% männliche versus 27,5% weibliche Befragte; Fußgänger: 88,9% zu 11,1%; Radfahrer: 71,2% zu 26,9%). Der vergleichsweise hohe Anteil der Befragten, die zu diesem Punkt keine Angaben machten bzw. keiner Kategorie zugeordnet werden konnten (Mit Ausnahme der „Fußgänger" waren die übrigen Gruppen mit Werten zwischen 1,1% und 3,4% vertreten!), ist auf die Tatsache zurückzuführen, dass einzelne Fragebögen von Ehepaaren oder Personen verschiedenen Geschlechts gemeinsam beantwortet wurden.

Die Gründe für diese Verteilung sind u.a. auf erhebungstechnische Besonderheiten zurückzuführen. So ist die Ablehnungsquote bei Befragungen auch vom Geschlecht der angesprochenen Personen abhängig und führt - vor allem dann, wenn man das Alter als ein zusätzliches Kriterium berücksichtigt - dazu, dass sich in manchen Jahrgängen männliche Personen deutlich häufiger einem Interview verweigern als dies bei weiblichen Befragten der Fall ist. Dieser Effekt wird zumindest teilweise durch ein anderes Phänomen kompensiert: Treten die Befragten „paarweise" auf, so ist es auch heute noch so, dass die männlichen Partner eher antworten als die weiblichen - auch dies eine Beobachtung, welche in bestimmten Altersklassen besonders häufig gemacht werden kann. Es kommt hinzu, dass bei Befragungen im Freizeitbereich in Abhängigkeit von den dort betriebenen Aktivitäten (insbesondere den ausgeübten Sportarten!) Männer immer noch stärker vertreten sind als Frauen. Bezogen auf den Fall „Langener Waldsee" könnte dieses Phänomen eine Erklärung dafür liefern, dass bei den Wassersportlern (u.a. Segler und Angler!) mehr männliche Befragte gezählt werden konnten als weibliche (vgl. Abb. 2).

Abb. 2: Verteilung der Befragten nach dem Geschlecht

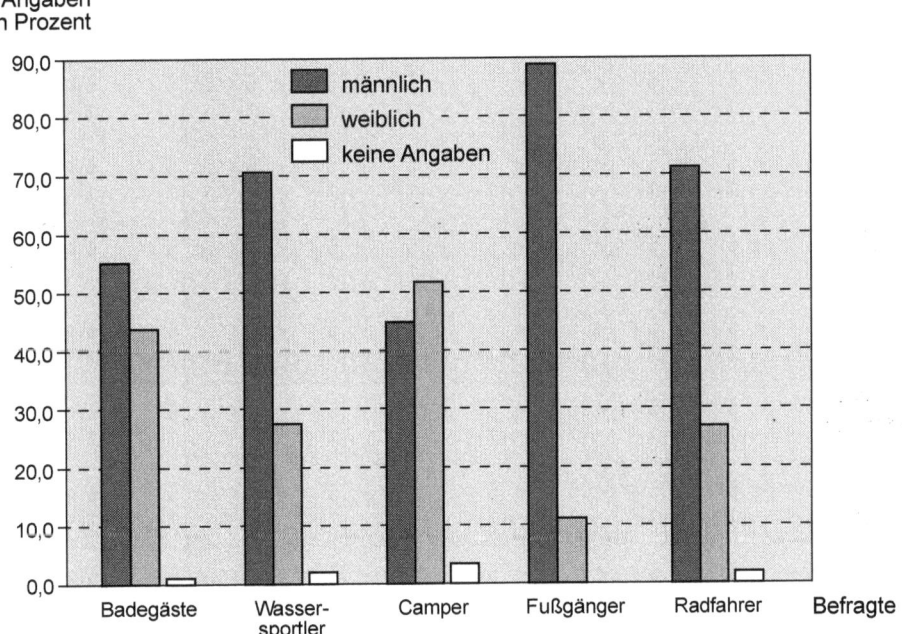

Quelle: Eigene Erhebung 1997

Grundsätzlich muss jedoch festgehalten werden, dass die vorliegenden Daten sehr heterogen sind, wobei sich die Abweichungen vom statistischen Durchschnitt lediglich bei den Badegästen sowie den Campern, bei denen das Verhältnis von männlichen zu weiblichen Befragten 55,1% zu 43,8% bzw. 44,8% zu 51,7% beträgt, in Grenzen halten. Hierfür kann insbesondere bei den Badegästen die relativ große Zahl der Befragten - es wurden immerhin 354 Personen erfasst! - ausschlaggebend sein. Bei den übrigen Gruppen sind, selbst wenn man sich auf die Betrachtung von Größenordnungen beschränkt, erhebliche Ausreißer zu konstatieren. Vor allem bei den Fußgängern lässt der geringe Stichprobenumfang dem Faktor „Zufall" weiten Spielraum, ein Argument, das auch bei den Campern nicht vernachlässigt werden darf. Entsprechendes gilt, wenngleich in abgeschwächter Form, für die Wassersportler und die Radfahrer, obwohl sich die Ausübung einer sportlichen Betätigung auf den Anteil der männlichen Befragten günstig auszuwirken vermag. Auf diesen Zusammenhang wurde bereits hingewiesen.

Abb. 3: Verteilung der Befragten nach Altersgruppen

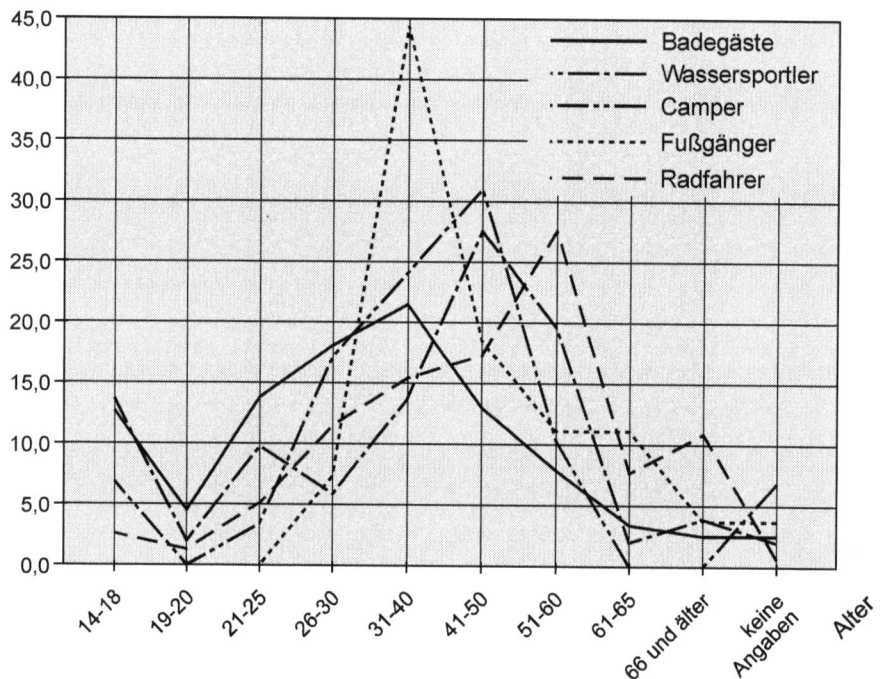

Quelle: Eigene Erhebung 1997

Aufschlussreicher als die Differenzierung nach Geschlecht ist ohne Zweifel die Verteilung der Befragten auf die verschiedenen Altersgruppen (vgl. Abb. 3). Im Gegensatz zur Geschlechterstruktur muss hier ohnehin von einem sehr viel unausgewogeneren Verhältnis ausgegangen werden. Zwar sind angefangen bei den Badegästen über die Wassersportler und Camper bis hin zu den Fußgängern und mit Einschränkungen auch den Radfahrern die mittleren Jahrgänge besonders stark besetzt, doch variieren sowohl die maximalen Anteile als solche (Die Schwankungsbreite beträgt fast 17 Prozent!) als auch ihre Lage im Spektrum der unterschiedlichen Altersklassen: Bei den Badegästen sind die 21-30jährigen besonders häufig vertreten, während bei den Wassersportlern und Campern etwas ältere Jahrgänge die höchsten Anteile erreichen. Demgegenüber dominieren bei den Fußgängern die 31-40jährigen, während bei den Radfahrern die 51-60jährigen am häufigsten vorkommen. Ausgehend von den „Maxima" in den mittleren Jahrgängen nehmen die Anteile der Befragten je Altersklasse zu den Rändern hin relativ kontinuierlich ab. Es gibt Ausnahmen - so z.B. bei den Wassersportlern, wo die 31-40jährigen mit einem Anteil von nur 13,7% eher unterrepräsentiert sind, oder bei den Fußgängern, bei denen mit einem Prozentsatz von 14,8% gerade auch die älteren Jahrgänge noch recht „ordentliche" Werte aufzuweisen haben.

Zur Begründung der hier nur in groben Zügen skizzierten Altersstruktur kommen zunächst die oben schon angesprochenen Besonderheiten der Befragung in Betracht. Der Zusammenhang zwischen Geschlecht und Alter auf der einen und der Rücklaufquote auf der anderen Seite ist ebenso von Bedeutung wie der geringe Stichprobenumfang einzelner Gruppen, der eine allzu „tiefschürfende" Interpretation der vorliegenden Daten als überzogen erscheinen lässt. Darüber hinaus müssen jedoch noch andere Faktoren zur Erklärung der Situation herangezogen werden, zumal „das Alter (...) in der Freizeitforschung eine entscheidende Einflussgröße auf Art und Umfang der ausgeübten Freizeitaktivitäten dar(stellt)" (WOLF et al. 1997, 58; WOLF/JURCZEK 1986, 64). So kann der Standort „Freizeiteinrichtung" schon aufgrund der Art der Betätigung im Hinblick auf das Alter der Besucher eine gewisse Vorauswahl bedeuten, wobei die Tatsache, dass Freizeiteinrichtungen nicht unbedingt eine Domäne der älteren Jahrgänge darstellen, auch dann gültig bleibt, wenn die betreffende Einrichtung nicht der Ausübung bestimmter Extremsportarten vorbehalten ist. In aller Regel überwiegen jedenfalls jüngere Leute und Vertreter der mittleren Jahrgänge, eine Hypothese, die zumindest z.T. durch das Publikum am Langener Waldsee bestätigt wird (Badegäste!).

Abb. 4: Vergleich der Befragung nach Altersgruppen von Langener Waldsee und Schultheisweiher

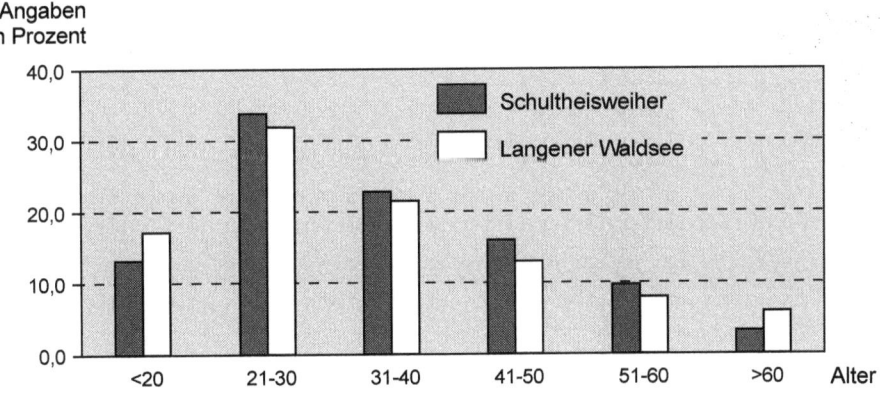

Quelle: Eigene Erhebung 1993, 1997

In diesem Zusammenhang ist es sicher von Interesse, die Ergebnisse einer ähnlich angelegten Untersuchung („Evaluierung einer wasserbezogenen Freizeiteinrichtung im großstädtischen Verdichtungsraum am Beispiel des Schultheisweihers in Offenbach am Main") aus dem Jahre 1993/94 zu Vergleichszwecken heranzuziehen. Auch hier ergaben die Antworten auf die Frage nach dem Alter der Badegäste ein den Verhältnissen am Langener Waldsee vergleichbares Spektrum. Die Werte (vgl. Abb. 4), die lediglich um maximal vier Prozent voneinander abweichen, legen die Vermutung nahe, dass ein solches Altersspektrum für das Publikum an einem

Badesee auch unabhängig von den ortsspezifischen Besonderheiten charakteristisch ist. Allerdings können an bestimmten Altersgruppen orientierte Ausstattungsmerkmale zu „Verzerrungen" führen, wie etwa beim Schultheisweiher, wo der geringe Anteil der Jugendlichen unter 20 Jahren u.a. mit einer die Bedürfnisse junger Menschen vernachlässigenden Infrastruktur erklärt wird: „Die mangelnde Attraktivität des Schultheisweihers für das ganz junge Publikum ist durch die fehlenden unterstützenden Infrastruktureinrichtungen begründet, die gerade bei der stark aktionsorientierten Freizeitgestaltung von Jugendlichen von Bedeutung sind. Das Naturschutzgebiet Schultheisweiher mit seiner starken Reglementierung des Badebetriebes kann diesen Freizeitansprüchen wohl nicht genügen. Bezüglich des Besuchs von Kindern kommt hinzu, dass innerhalb des Freizeitbereichs keine speziell an den Bedürfnissen von Kindern orientierten Einrichtungen wie z.B. Spielgeräte vorhanden sind." (WOLF et al. 1997, 58).

Dies ist eine Einschätzung, die auf die Verhältnisse am Langener Waldsee so nicht übertragen werden kann. Kinderspielplätze, Freiland-Gesellschaftsspiele, Flächen für Beach-Volleyball und ähnliche Aktivitäten haben sicherlich mit dazu beigetragen, den Langener Waldsee auch in den Augen der jüngeren Besucher als attraktives Freizeitziel zu etablieren. Die Tatsache, dass der Anteil der Badegäste unter 20 Jahren den entsprechenden Wert für den Schultheisweiher um genau vier Prozent übertrifft, mag hierfür als Indiz herangezogen werden. Dagegen kann die bereits in der Einleitung formulierte Hypothese, dass nämlich der Langener Waldsee aufgrund seiner „Vorgeschichte" auf die heute über 50jährigen eine besondere Anziehungskraft ausübt, durch die erhobenen Daten nicht gestützt werden. Ihr Anteil an der Gesamtzahl der Badegäste liegt mit lediglich 7,9% unter den zunächst erwarteten Werten.

2.1.2 Haushalt, Familienstand

Im Hinblick auf Haushaltsgröße und Familienstand spiegeln die vorliegenden Daten im wesentlichen die in großstädtischen Verdichtungsräumen verbreiteten Strukturen wider (vgl. Abb. 5). So überwiegen bei allen Befragten, von den Badegästen, den Wassersportlern und Campern bis hin zu den Fußgängern und Radfahrern die Zweipersonenhaushalte mit Anteilen zwischen 31,0% und 51,9%, wobei Werte von den Badegästen und Wassersportlern eine zwischen diesen Extremen vermittelnde Position einnehmen. Im Vergleich dazu fallen die Anteile aller anderen Haushaltsgrößen deutlich ab: Bei den Badegästen und den Fußgängern sind die Einpersonenhaushalte noch relativ häufig vertreten, während die Camper und Radfahrer überwiegend in Dreipersonenhalten leben. Die Wassersportler überraschen dagegen mit einem auffallend großen Anteil an Vierpersonenhaushalten, der hier den zweiten Rang belegt. Obwohl sich auch noch „stattliche" 15,0% der Badegäste zu einer Haushaltsgröße von vier Personen „bekannten", können die erhobenen Daten als ein unmissverständlicher Hinweis für die Dominanz der Ein- bis Dreipersonenhaushalte angesehen werden: Mit Ausnahme der beiden genannten

Beispiele liegen bei allen Befragten die Anteile der Vier- und Mehrpersonenhaushalte in einem Bereich von unter zehn Prozent.

Abb. 5: Verteilung der Befragten nach Haushaltsgrößen

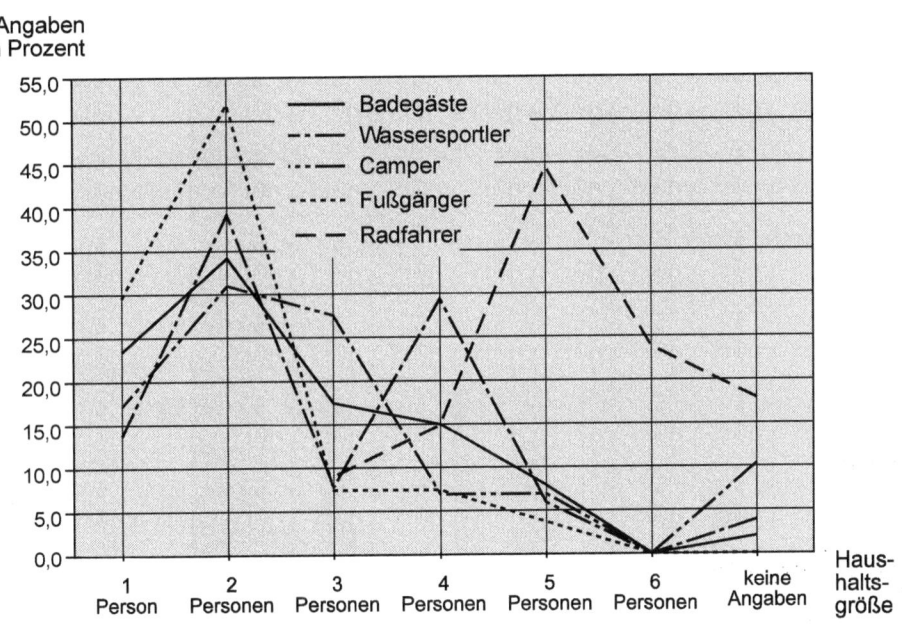

Quelle: Eigene Erhebung 1993, 1997

Abb. 6: Vergleich der Befragung nach Haushaltsgrößen von Langener Waldsee und Schultheisweiher

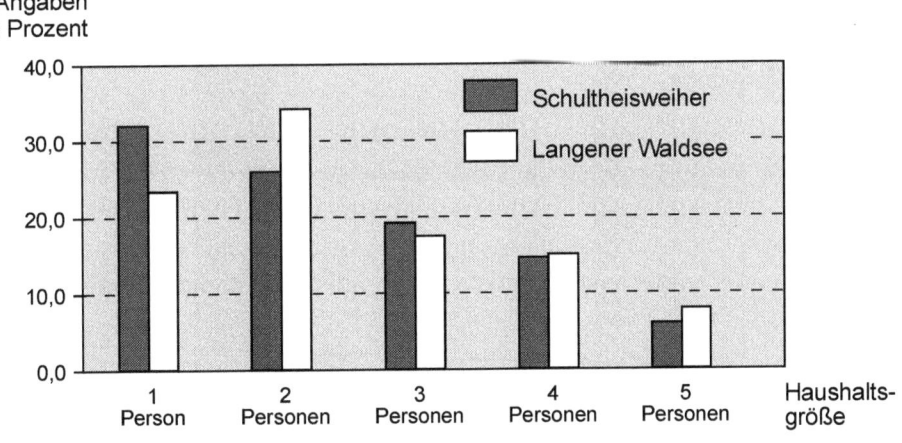

Quelle: Eigene Erhebung 1993, 1997

Die entsprechenden Antworten der Badegäste am Schultheisweiher, die hier der Information halber noch angefügt werden sollen, sind, zumindest was die Größenordnungen betrifft, mit den Verhältnissen am Langener Waldsee durchaus vergleichbar (vgl. Abb. 6). Sechs- und Mehrpersonenhaushalte wurden in beiden Fäl-

23

len nicht erfasst. Es ist nur erstaunlich, dass die für den Schultheisweiher geäußerte Auffassung, „der Prozentsatz von Besuchern aus Einpersonenhaushalten erscheint dagegen gering, wenn berücksichtigt wird, dass diese Haushaltsgröße im Frankfurter Stadtgebiet knapp die Hälfte aller bestehende Haushalte repräsentiert" (vgl. WOLF et al. 1997, 60), auf den Langener Waldsee mit nur 23,4% Singlehaushalten noch sehr viel eher zutrifft. Zusammenhänge mit der Altersstruktur der befragten Badegäste (Am Langener Waldsee wurden im Vergleich zum Schultheisweiher jüngere Leute unter 18 Jahre, die wohl in der Mehrzahl nicht alleine leben, etwas häufiger angetroffen!) mögen hierfür ausschlaggebend sein.

Abb. 7: Verteilung der Befragten nach dem Familienstand

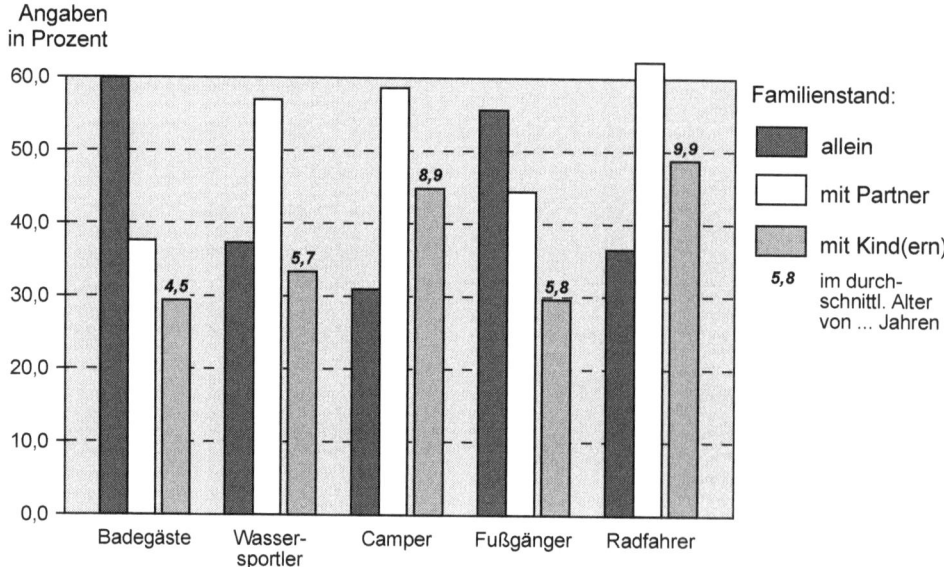

Quelle: Eigene Erhebung 1993, 1997

Auf die Frage nach dem Familienstand ergibt sich in Abhängigkeit von der Gruppe der Befragten ein recht uneinheitliches Bild: Während bei den Badegästen und den Fußgängern die Alleinstehenden dominieren, überwiegen bei den Wassersportlern, den Campern und Radfahrern diejenigen, die verheiratet oder in Lebensgemeinschaften mit einem Partner zusammenleben. Da sich die Zahl der Verweigerungen in Grenzen hält, wird bei den Badegästen und Fußgängern die Kategorie „mit Partner" in der Größenordnung der jeweiligen Komplementärwerte angenommen (37,6% bzw. 44,4%); entsprechendes gilt für die Wassersportler, Camper und Radfahrer, von denen je 37,3%, 31,0% und 36,5% der Befragten alleine lebten. Die Frage nach Kindern wurde - auch dies typisch für die Verhältnisse in einem Verdichtungsraum wie dem Rhein-Main-Gebiet - in über der Hälfte aller Fälle negativ beantwortet. „Spitzenreiter" sind, sofern man diesen Begriff hier überhaupt verwenden kann, die Radfahrer gefolgt von den Campern, die zu immerhin 48,7% bzw. 44,8% angaben, Kinder zu haben, wobei das Durchschnittsalter der Kinder mit 9,9 und 8,9 Jahren relativ hoch lag. Bei den übrigen Befragten sanken diese

Werte, während als durchschnittliches Alter der Kinder 5,7; 5,8 bzw. 4,5 Jahre
genannt wurden (vgl. Abb. 7).

2.1.3 Soziale Stellung, Einkommen und Beruf

Aus den Antworten auf die Fragen nach Einkommen, Schulabschluss, erlerntem
und ausgeübten Beruf lassen sich nur sehr eingeschränkte Aussagen über die Zugehörigkeit der Befragten zu einer bestimmten sozialen Schicht und einer eventuell damit verbundenen Präferenz bei der Freizeitgestaltung machen. Dies gilt um
so mehr, als das Modell der sozialen Schicht in neueren Untersuchungen eher kritisch bewertet wird und anderen Entwürfen wie z.B. dem an spezifischen Konsum-
gewohnheiten orientierten Konzept der Lebensstilgruppen gewichen ist. Doch unabhängig von der theoretischen Konzeption können Zusammenhänge zwischen der
Art der Freizeitgestaltung auf der einen und Einkommen, Ausbildung oder berufli-
cher Tätigkeit auf der anderen Seite nicht geleugnet werden: „Zielgebietsorientiert
sind die sozial Höhergestellten mobiler und gestalten ihre Freizeit abwechslungsreicher als Angehörige der Unterschicht. Dies hängt einerseits mit dem jeweils zur
Verfügung stehenden Freizeitetat, andererseits aber auch mit deren unterschiedlichen Freizeitinteressen und -beschäftigungen zusammen. Beispielsweise gehen
Arbeiter lieber spazieren als Angestellte und Beamte (vgl. v. BUTLER 1977, 10).
Das Gleiche trifft für die Gartenarbeit und das Freizeitwohnen zu, was jedoch
nicht bedeutet, dass Arbeiter in der Regel Eigentümer von Freizeitwohnsitzen sind
(vgl. FISCHER 1976, 299). Dagegen bevorzugen die im tertiären Wirtschaftssektor
Beschäftigten aktivere Freizeitgestaltungsmöglichkeiten (z.B. Ausflüge machen,
Schwimmen/Baden, Spiel/Bewegung im Freien, Sich bilden, Sport treiben und kul-
turelle Veranstaltungen besuchen). Am breitesten interessiert sind die am besten
ausgebildeten Bundesbürger (Abiturienten und Hochschulabsolventen), die sich
relativ häufig und regelmäßig auch schöngeistigen Freizeitinhalten zuwenden."
(WOLF/JURCZEK 1986, 70).

Es wird sich herausstellen, inwieweit die am Langener Waldsee erhobenen Daten
diese Hypothese zu bestätigen oder auch zu widerlegen vermögen, wobei in jüngs-
ter Zeit ein erstaunliches Phänomen beobachtet werden kann: Bisher vorherrschende Trends wie z.B. die Neigung, mit besserer Ausbildung und höherem Einkommen „exklusiveren" Freizeitaktivitäten nachzugehen, haben einiges an Strin-
genz verloren. Dies geht soweit, dass man in Einzelfällen fast schon von einer
Trendumkehr sprechen kann, etwa dann, wenn sich Bevölkerungsgruppen mit
einer ausgesprochenen Vorliebe für das Besondere von Sport- und Freizeitaktivitäten, die früher einmal einigen wenigen vorbehalten waren, zurückziehen, weil die
Entwicklung zum Breitensport eben auch am Golf- oder Tennisspiel nicht vorüber-
gegangen ist. Vor diesem Hintergrund sollte es daher nicht weiter verwundern,
wenn bislang als relativ „einfach" apostrophierte Freizeitbeschäftigungen wie etwa
das Baden an einem Waldsee auch in der Gunst der höheren Einkommensschich-
ten mit besserer Ausbildung und in entsprechenden beruflichen Positionen wieder

steigen. Ob dies auch auf den Langener Waldsee zutrifft, werden die Antworten der dort angesprochenen Besucher auf die oben genannten Fragen nach Schulabschluss, Beruf und Einkommen zeigen.

Abb. 8: Verteilung der Befragten nach der Schulbildung

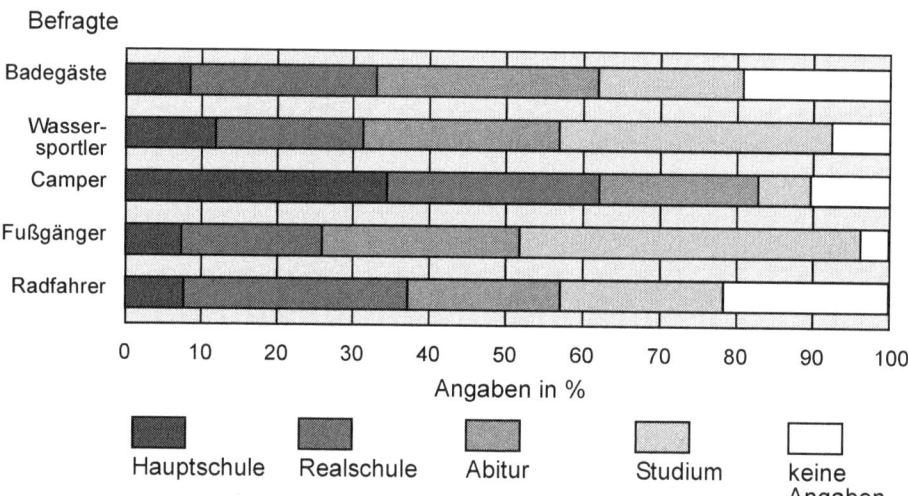

Quelle: Eigene Erhebung 1997

Da diese Antworten der Abbildung 8 bzw. den Tabellen im Anhang entnommen werden können, soll hier nur auf einige entscheidende Punkte hingewiesen werden. Auf die Frage nach der Schulbildung konnte die Mehrheit der befragten Personen am Langener Waldsee auf einen ausgesprochen qualifizierten Abschluss hinweisen: Bei den Fußgängern und Wassersportlern dominieren sogar diejenigen, die einen Hochschulabschluss vorzuweisen haben, wobei gleichzeitig das Phänomen auftritt, dass mit sinkender Qualität des Abschlusses über Abitur, Realschule bis hin zur Hauptschule auch die jeweiligen Anteile der befragten Fußgänger und Wassersportler an diesen Abschlüssen zurückgehen. Genau umgekehrte Verhältnisse können hingegen bei den Campern festgestellt werden: Hier sind die „Hauptschüler" am weitaus häufigsten vertreten, während „Realschüler" mit 27,6%, „Abiturienten" mit 20,7% und Hochschulabsolventen mit einem Prozentanteil von nur mehr 6,9% vorkommen. Zwischen diesen Gruppen vermitteln die Badegäste und Radfahrer, die in den Kategorien „Abitur", Realschule sowie Studium recht hohe Werte aufzuweisen haben, während die „Hauptschüler" auf die hinteren Ränge zurückfallen.

Bei der Interpretation dieser Daten muss jedoch berücksichtigt werden, dass vor allem bei den Campern und Fußgängern, aber auch den Wassersportlern der Stichprobenumfang zu gering ist, um Erklärungen für die hier skizzierten Verteilungen zu finden, die über vorsichtige Mutmaßungen hinausgehen. Immerhin drängt sich bei den Campern der Verdacht auf, dass der große Anteil der Hauptschulabgänger, der darüber hinaus auch mit den vergleichsweise bescheidenen Einkommensverhältnissen zu korrespondieren scheint (vgl. Abb. 8 u. 9), auf soziale

Bedingungen verweist, die das Campen zu einer angemessenen Freizeit- (und möglicherweise auch Urlaubs-!)Beschäftigung werden lässt. Bei den Wassersportlern mit ihren ausgesprochen qualifizierten Bildungsabschlüssen und dementsprechend hohen Einkommen (Trotz einer großen Zahl von Verweigerungen (60,8%!) gaben fast zehn Prozent der Wassersportler an, über ein Haushaltsnettoeinkommen von mehr als 7000,-DM zu verfügen!) dürfte die gleiche Argumentationskette - allerdings mit einem völlig anderen Resultat - zutreffen: Eine qualifizierte Ausbildung führt zu Einkommen, die eine entsprechend aufwendige Freizeitgestaltung (z.B. Surfen, Segeln) erlauben.

Bei den Radfahrern und mehr noch bei den Badegästen sind die Bildungsabschlüsse entschieden „uneinheitlicher" verteilt, so dass hier andere und weitaus vielschichtigere Begründungen zur Erklärung der Situation herangezogen werden müssen. Leider liefert auch der auf die Badegäste zu beschränkende Vergleich mit dem Schultheisweiher in dieser Hinsicht keine neuen Anhaltspunkte, da abgesehen von den nahezu übereinstimmenden Werten bei den Realschulabgängern (Schultheisweiher zu Langener Waldsee: 25,6% zu 24,6%) in den übrigen Kategorien größere Abweichungen festgestellt werden müssen (17,8% zu 8,5% (Hauptschule); 20,5% zu 28,8% (Abitur); 25,1% zu 18,9% (Studium)). Hierfür dürften unabhängig von allen anderen Einflüssen auch die unterschiedliche Altersstrukturen verantwortlich sein: Ältere Menschen besitzen in der Regel weniger qualifizierte Bildungsabschlüsse, da sie ihre Ausbildung zu einer Zeit absolvierten, in der Abschlüsse wie Abitur, Fach-/Fachhochschul- oder Universitätsexamen von der heute zu beobachtenden „inflationären" Verbreitung noch weit entfernt waren. Der geringere Anteil der Hauptschüler an dem durch eine etwas jüngere Altersstruktur geprägten Langener Waldsee mag hierfür als Indiz gelten. Andererseits wirkt sich aber die vergleichsweise hohe Zahl der unter 20jährigen aus Gründen, die leicht nachvollzogen werden können, auf den Prozentsatz der Hochschulabsolventen am Langener Waldsee sehr negativ aus, so dass hier zwei Effekte in Erscheinung treten, die sich zumindest teilweise kompensieren.

Auf die Einkommensverhältnisse der Befragten wurde im Zusammenhang mit der erworbenen Schulbildung gerade eben schon hingewiesen. Da auf Fragen nach der finanziellen Situation immer nur sehr „zurückhaltend" geantwortet wird (Am Langener Waldsee schwankte die Verweigerungsquote zwischen 41,4% (Camper) und 64,1% (Radfahrer)!), reduziert sich die bei einigen Gruppen ohnehin recht dürftige Datenbasis erneut. Daher soll an dieser Stelle auf die Angaben im einzelnen auch nicht näher eingegangen werden, zumal die entsprechenden Daten im Anhang wiedergegeben sind (vgl. auch Abb. 9). Hier sei nur festgehalten, dass sich bei den Badegästen ein relativ hoher Anteil der Befragten (11,6%) zu einem Einkommen diesseits der 1500,-DM-Grenze bekannte; jeweils über acht Prozent der Badegäste siedelten sich im Bereich zwischen 2501,- und 3500,-DM (8,2%) bzw. 3501,- und 5000,-DM (8,8%) an. Dagegen scheinen die Wassersportler und mit Einschränkungen auch die Fußgänger über größere Einkommen verfügen zu können, eine Einschätzung, für die verhältnismäßig „hohe" Prozentanteile in den Kategorien über 7000,-DM (Wassersportler) bzw. zwischen 2501,- und 3500,-DM sowie 3501,- und 5000,-DM (Fußgänger) als Anhaltspunkte gelten mögen. Während die Radfahrer eine eher mittlere Stellung mit hohen Anteilen zwischen 2501,- und 3500,-DM, aber auch zwischen 5001,- und 7000,-DM vorweisen können, scheinen die Camper (siehe oben!) finanziell schlechter gestellt zu sein. Darauf deuten nicht nur die hohen Prozentanteile im Bereich 1501,- bis 2500,-DM, sondern auch die fehlenden Antworten jenseits der 5000,-DM-Grenze hin. Es muss allerdings darauf hingewiesen werden, dass bei der Interpretation dieser Daten - unabhängig von den Zusammenhängen, die zwischen Einkommen und Schulabschluss, aber auch Einkommen und Alter von Bedeutung sein können (vgl. Abb. 3 u. 9) - die Unterschiede bei der Einteilung der Einkommen in Klassen (Intervallbreite!) zu berücksichtigen sind. Diese erlauben zwar die Gegenüberstellung der Einkommensverhältnisse zwischen den einzelnen Besuchergruppen, lassen jedoch innerhalb einer Gruppe nur einen eingeschränkten Vergleich zu.

Abb. 9: Verteilung der Befragten nach Einkommensverhältnissen

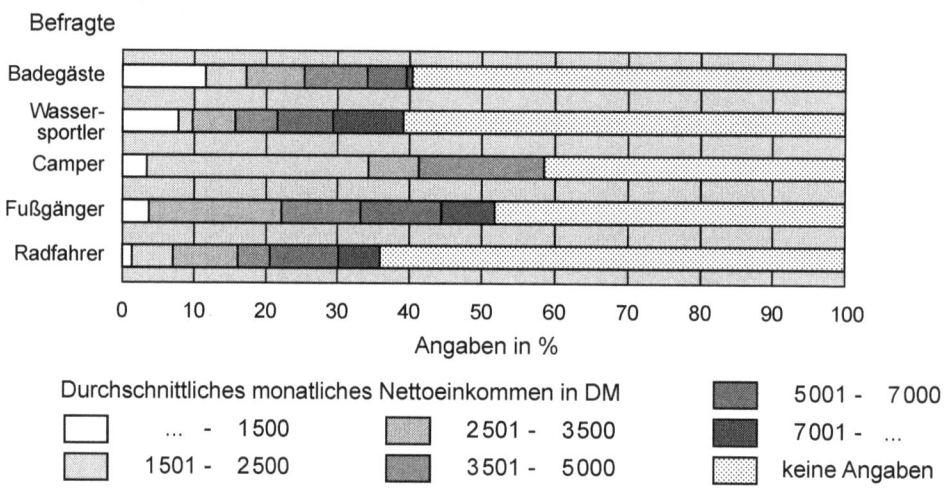

Quelle: Eigene Erhebung 1997

Die jeweiligen Verteilungen der erlernten und ausgeübten Berufe fügen sich erstaunlich harmonisch in das bisher skizzierte Bild der sozio-ökonomischen Verhältnisse. Trotz der notwendigerweise sehr undifferenzierten Zusammenfassung der genannten Berufe zu bestimmten Klassen (Unter Bezeichnungen wie „Angestellter", „Akademiker" oder „Beamter" lässt sich eine Vielzahl ganz unterschiedlicher Berufe subsumieren!) spiegeln sich die bereits bei den Einkommens- und Ausbildungsverhältnissen erkennbaren Tendenzen auch in der Wahl des erlernten und schließlich ausgeübten Berufes wider. Auf die - für die heutige Zeit wohl immer bezeichnender werdende - Diskrepanz zwischen dem ursprünglich einmal anvisierten Berufsziel und dem in dieser Hinsicht später „Wunsch-" oder auch nur „Machbaren" soll hier nicht näher eingegangen werden, weshalb sich die folgenden

Bemerkungen im wesentlich auf die Angaben der Befragten zum ausgeübten Beruf beziehen.

Dabei zeigt sich, dass mit Ausnahme der Wassersportler alle Besuchergruppen die höchsten Prozentanteile unter der Rubrik „Angestellter" zu verbuchen haben, wobei die Werte im einzelnen zwischen 51,7% (Camper) und 28,5% (Badegäste) schwanken. Die Fußgänger und Radfahrer erreichen einen Anteil von 29,6% bzw. 31,4% und selbst bei den Wassersportlern, die sich mehrheitlich der Gruppe der Akademiker zuzuordnen wussten (31,4%), entfällt ein immer noch vergleichbar hoher Anteil von 25,5% auf diese Kategorie. Ein Argument für die so offensichtliche Dominanz der Angestellten ist sicher in der grundsätzlichen Spannweite dieses Begriffes zu sehen: Der Angestellte - das kann von der Sekretärin, dem Sachbearbeiter, der Verkäuferin im Supermarkt bis hin zum leitenden Angestellten eines großen Wirtschaftsunternehmen nahezu alles bedeuten. Während bei den Fußgängern und Radfahrern die Rentner mit einem Anteil von 18,5% bzw. 17,3% noch recht häufig vertreten sind, belegen bei den Badegästen die Schüler und Studenten mit einem Prozentsatz von genau 24,0% den zweiten Rang (Schultheisweiher zum Vergleich: 19,1% (in Ausbildung)). Diese Verteilung ist zumindest teilweise mit der Altersstruktur der jeweiligen Besuchergruppe zu erklären. So waren etwa bei den Badegästen die Anteile der unter 20jährigen noch relativ hoch (17,2%), während die in dieser Altersgruppe Befragten bei den Fußgängern und Radfahrern recht dünn gesät waren (0,0% bzw. 3,9%), dafür aber ältere Jahrgänge (über 60 Jahre) mit 14,8% bzw. 18,6% vergleichsweise häufig auftraten. Die bei Campern und Fußgängern verhältnismäßig hohen Anteile (17,2% und 18,5%) in der Rubrik „Übrige" ist ohne Zweifel auf die Tatsache zurückzuführen, dass es sich hierbei um eine Residualkategorie mit „Auffangfunktion" handelt, in die eben - wie z.B. Hausfrauen, Arbeiter u.ä. - all jene Antworten „einsortiert" werden mussten, die sich so ohne weiteres keiner anderen Berufsgruppe zuordnen ließen. Im Gegensatz dazu sind Handwerker und Beamte unter den am Langener Waldsee erfassten Besuchern nur sehr „spärlich" vertreten. Abgesehen von den Handwerkern, die bei den Badegästen einen Anteil von immerhin noch 10,2% auf sich vereinen konnten, spielt diese Berufsgruppe ebenso wie die der Beamten bei den übrigen Befragten nur eine untergeordnete Rolle.

Selbst wenn sich die hier vorgenommene Einteilung der Berufe in die oben bezeichneten Berufsgruppen dem Vorwurf einer allzu großen Vereinfachung ausgesetzt sehen muss, können aus den erhobenen Daten doch einige interessante und mehr noch: signifikante Zusammenhänge mit anderen sozio-demographischen bzw. -ökonomischen Merkmalen der Besucher festgestellt werden. So ist beispielsweise die Verbindung zwischen Alter und Beruf bei den Badegästen, aber auch den Fußgängern und Radfahrern recht deutlich ausgeprägt. Dagegen scheinen bei den Wassersportlern und - wie sich aufgrund bestimmter Indizien vermuten lässt - auch bei den Campern die Beziehungen zwischen den beruflichen und sonstigen ökonomischen Verhältnissen auf der einen und den am Langener Waldsee ausgeübten Tätigkeiten (Wassersport, Campen) auf der anderen Seite eine größere Rolle zu spielen. Ob diese Hypothese so aufrecht erhalten werden kann, wird sich im weiteren Verlauf der Untersuchung, insbesondere bei der Diskussion der Aktivitäten am See, noch zeigen.

2.1.4 Wohnverhältnisse

Zum Abschluss der Analyse sozio-demographischer und -ökonomischer Merkmale soll noch mit einigen wenigen Sätzen auf die Wohnverhältnisse der Befragten eingegangen werden, da auch aus solchen Rahmenbedingungen wichtige Schlussfolgerungen im Hinblick auf das Freizeitverhalten gezogen werden können: „Die Wohnsituation, d.h. die konkrete Wohnung und das Wohnumfeld in ihrer Bedeutung für die Teilnahme an Freizeit und Tourismus, soll hier ebenfalls kurz angesprochen werden. Im Hinblick auf die Teilnahme am Tourismus lassen sich keine signifikanten Unterschiede bezüglich Wohnstandort, Wohnungsgröße und -ausstattung feststellen (...). Davon zu unterscheiden ist die Teilnahme am Freizeitverhalten während der Woche bzw. am Wochenende." (WOLF/JURCZEK 1986, 40). So kann der Unterschied zwischen einem eigenem Haus bzw. einer eigenen Wohnung und einem Mietverhältnis, die Möglichkeit, einen Garten zu nutzen oder eben auch nicht zu nutzen, sowie die Größe der Wohnung die Freizeitgestaltung beeinflussen, so etwa wenn versucht wird, als unzulänglich oder einschränkend empfundene Wohnverhältnisse durch dementsprechende Freizeitaktivitäten auszugleichen.

Für den Langener Waldsee stellt sich anhand der erhobenen Daten heraus, dass hinsichtlich der Miet- bzw. Eigentumsverhältnisse der Befragten sehr homogene Bedingungen vorherrschen. Angefangen bei den Badegästen über die Wassersportler und Camper bis hin zu den Fußgängern und Radfahrern konnte die Kategorie „Mietwohnung" die jeweils höchsten Anteile für sich verbuchen, wobei die Camper als Spitzenreiter mit einem Wert von 69,0% vertreten waren. Die Badegäste und Fußgänger erreichten mit 51,7% bzw. 51,9% ebenfalls noch recht hohe Prozente, wohingegen die Wassersportler und Radfahrer mit Anteilen in Höhe von 29,4% bzw. 38,5% größenordnungsmäßig etwas zurückfielen. An zweiter Stelle wurde meist das „eigene Haus" genannt: 32,7% der Radfahrer und 29,4% der Wassersportler gaben auf die Frage nach der Wohnform diese Antwort - ganz im Gegensatz zu den Badegästen, den Fußgängern und den Campern, bei denen mit Anteilen von 21,5%, 18,5% bzw. 13,8% das Hauseigentum deutlich weniger verbreitet war. Alle übrigen Wohnformen spielen eine vergleichsweise eher untergeordnete Rolle: 13,7% der Wassersportler, 12,8% der Radfahrer und 11,9% der Badegäste gaben noch an, über eine eigene Wohnung zu verfügen, während 14,8% der Fußgänger und weitere 13,7% der Wassersportler in einem Mietshaus lebten. Alle anderen Kategorien liegen anteilsmäßig im Bereich von unter zehn Prozent.

Wenn man davon ausgeht, dass neben vielen anderen Kriterien auch die Wohnbedingungen als Indikator für die sozialen Verhältnisse herangezogen werden können, überrascht es nicht, dass sich die hier skizzierten Aussagen zur Wohnform recht nahtlos in das bereits weiter oben beschriebene Bild der sozio-ökonomischen Merkmale einfügen. Unabhängig von der Mietwohnung, die wohl in einem großstädtischen Verdichtungsraum wie dem Rhein-Main-Gebiet eine nach wie vor bevorzugte Wohnform darstellt, sind vor allem die Angaben zum Hauseigentum von Interesse. So kann lediglich bei den Wassersportlern das Hauseigentum anteilsmäßig mit der Mietwohnung „gleichziehen" - dies möglicherweise ein weiterer Hinweis auf die positive wirtschaftliche Situation dieser Besuchergruppe. Der hohe Anteil des Hauseigentums bei den Radfahrern legt hingegen den Verdacht nahe, dass es sich hier überwiegend um ältere Menschen handelt (Anteil der Radfahrer über 50 Jahre: 46,2%!), die im Gegensatz zu jüngeren Besuchergruppen nicht nur die Gelegenheit, sondern auch die (Lebens-)Zeit zur Verfügung hatten, die für die Finanzierung von Eigentum in den meisten Fällen ja noch immer notwendig ist. Dieses Ergebnis korrespondiert auch mit den Angaben der „jungen" Badegäste, die - wohl mehrheitlich als Schüler oder Student - zu immerhin noch 7,6% in einem Mietzimmer wohnen.

Weitere Angaben - etwa zu Wohnfläche und Garten - können dem Tabellenteil dieser Stellungnahme entnommen werden. Die Vermutung, dass relativ geringe Wohnflächen oder ein nicht vorhandener Garten als zusätzliches Motiv für den Aufenthalt am Langener Waldsee interpretiert werden können, lässt sich aufgrund der Heterogenität der Daten so nicht bestätigen. Jeweils über fünfzig Prozent der Wassersportler (54,9%), der Badegäste (51,1%) und der Radfahrer (50,6%) gaben an, über einen Garten verfügen zu können. Bei den Campern betrug dieser Anteil 37,9%, bei den Fußgängern nur noch 37,0%. Möglicherweise ist in den beiden letztgenannten Fällen der fehlende Garten ein Grund (allerdings nur ein Grund unter vielen!), am Langener Waldsee spazieren zu gehen oder zu zelten, eine Schlussfolgerung, die bei den Campern durch die vorherrschende Wohnform (69,0% der Camper lebten in Mietwohnungen!) gestützt wird. Allerdings kann ein solcher - hier nur aufgrund einiger Indizien vermuteter - Zusammenhang mit Hilfe der vorliegenden Daten nicht zweifelsfrei nachgewiesen werden!

2.2 Einzugsbereich, Erreichbarkeit und Verkehrsmittelwahl

In den inzwischen sehr zahlreich gewordenen Veröffentlichungen zur Geographie der Freizeit wird die Größe des Einzugsbereiches häufig als Kriterium zur Bewertung der Attraktivität eines Freizeitangebots herangezogen - und zwar unabhängig davon, ob es sich nun um eine besondere Veranstaltung oder eine bestimmte Einrichtung handelt. Es wird die Auffassung vertreten, dass von der durchschnittlich zurückgelegten Distanz und damit dem Aufwand, der zum Erreichen eines Freizeitziels notwendig ist, auf die Bedeutung des betreffenden Angebots geschlossen werden kann, wobei ein hoher Aufwand im Sinne vieler zurückgelegter Kilometer auf eine entsprechend große Bedeutung verweist, während kurze Distanzen als Indikator für eine geringere Attraktivität oder Beliebtheit des Angebots interpretiert werden müssen. Beispiele für diese These gibt es genug: Sportliche Großveranstaltungen, Rock- und Popkonzerte bekannter Bühnenstars, Musicalaufführungen, Festspiele u.ä. sind in der Lage, Besucher aus oft mehreren hundert Kilometern Entfernung anzuziehen - ein Beweis dafür, dass bei solchen - vielleicht als „High-Lights der Freizeitszene" zu bezeichnenden - Veranstaltungen die Ausdehnung der jeweiligen Einzugsbereiche erstaunliche Dimensionen annehmen kann. Geht man gar von relativ seltenen Ereignissen wie etwa den im Vier-Jahres-Rhythmus abgehaltenen Olympischen Spielen oder - um ein vielleicht etwas weniger bekanntes Beispiel aus der Bundesrepublik Deutschland zu nennen - von den im zehnjährigen Abständen stattfindenden Passionsspielen in Oberammergau aus, dann ist die Behauptung, dass sich die Einzugsbereiche dieser Veranstaltungen in einem internationalen Rahmen bewegen, sicher nicht übertrieben.

Über solchen „singulären Erscheinungen" darf jedoch die Bedeutung von Freizeiteinrichtungen mit einem geringerem Einzugsbereich nicht unterbewertet werden. „Weiterhin ist zu bedenken, dass die tägliche Freizeit rund 70 Prozent, die am Wochenende etwa 20 Prozent und die im Urlaub ungefähr 10 Prozent der Freizeit pro Jahr beträgt. (vgl. CZINKI 1975, 16). Das heißt einerseits, dass der Feierabend in zeitlicher Hinsicht am bedeutsamsten ist ..." (WOLF/JURCZEK 1986, 43f.). Wenngleich diese Werte infolge veränderter Zeitstrukturen inzwischen etwas „in's Rutschen" geraten sein dürften, kann diese Einschätzung im Hinblick auf ihre grundsätzliche Aussage aufrecht erhalten werden. Die tägliche Freizeit nach der Arbeit, am Nachmittag, am Abend, die Freizeit am Wochenende bleibt im Vergleich zum Jahresurlaub - auch wenn der mehrwöchige Jahresurlaub heutzutage in Gestalt einer mehr oder minder großen Zahl von Kurzreisen daherkommt - sowohl in quantitativer als auch in qualitativer Hinsicht weiter von Bedeutung. Vor diesem Hintergrund haben auch die wohnstandortnah gelegenen Freizeit- und Erholungseinrichtungen mit einem nur begrenzten Einzugsbereich ihre Berechtigung. Und mehr als das: Bei der täglichen Freizeitgestaltung spielen gerade die im unmittelbaren Wohnumfeld anzutreffenden und daher schnell erreichbaren Freizeitangebote die entscheidende Rolle. Das diesbezügliche „Potential" des Langener Waldsees soll in den folgenden Abschnitten anhand der Befragungsergebnisse genauer untersucht werden.

2.2.1 Einzugsbereich des Langener Waldsees

Zur genaueren Kennzeichnung des Einzugsbereichs des Langener Waldsees werden nun die Herkunftsorte der Besucher am See - zunächst der Badegäste, der Wassersportler und Camper - aufgeschlüsselt nach den verschiedenen Postleitregionen dargestellt, wobei als zusätzliches Merkmal der Zeitaufwand, der zum Erreichen des Sees erforderlich war, diskutiert werden soll. Wie die folgenden Abbildungen (vgl. Abb. 10 bis 12) zeigen, weisen die Einzugsbereiche differenziert nach den verschiedenen Gruppen der Befragten eine Reihe von Übereinstimmungen, aber auch einzelne Abweichungen auf, die u.a. auf die unterschiedlichen Aktivitäten der Besucher am See zurückgeführt werden können. Es ist kaum weiter erstaunlich, dass sich die Mehrzahl der Befragten - und dies gilt sowohl für die Badegäste, die Wassersportler und die Camper - aus der unmittelbaren Umgebung des Sees, also aus Frankfurt am Main und Langen rekrutiert, wobei die Konzentration auf den näheren Einzugsbereich aus leicht nachvollziehbaren Gründen bei den Badegästen und Wassersportlern deutlicher als bei den Campern ausgeprägt ist. Bei letzteren überrascht eher der vergleichsweise hohe Anteil derjenigen, die als Herkunftsort keine weiter entfernt gelegenen Städte oder Gemeinden als Frankfurt am Main bzw. Langen anzugeben vermochten. Laut Angaben der Befragten (vgl. hierzu die Tabellen im Anhang) kamen aus Frankfurt am Main (Postleitzahlregionen 60xxx und 65xxx!) insgesamt 36,2% der Badegäste, 33,3% der Wassersportler und immerhin noch 31,0% der Camper, während Langen von 25,4%, 33,3% und 20,7% der befragten Badegäste, Wassersportler resp. Camper als Herkunftsort genannt wurde. Diese Werte (in der Summe 61,6%, 66,6% bzw. 51,7%!) bestätigen die Annahme, dass der Langener Waldsee von seinen Besuchern überwiegend zur wohnstandortnahen Freizeitgestaltung genutzt wird, ein Ergebnis, welches zumindest bei den Badegästen und Wassersportlern zu erwarten war.

Zum weiteren Einzugsbereich der Besucher am See gehören die an Frankfurt am Main bzw. Langen unmittelbar angrenzenden Regionen, wobei - besonders deutlich bei den Badegästen, in Ansätzen aber auch bei den Wassersportlern und Campern erkennbar - die südwestlich gelegenen Städte und Gemeinden eine gewisse Vorrangstellung einnehmen. So wurden beispielsweise Wiesbaden, Groß-Gerau, Darmstadt, ja sogar das entferntere Mainz sehr viel häufiger als Herkunftsgebiete angegeben als etwa die Taunusgemeinden oder das nördliche Umland von Frankfurt. Eine Ausnahme stellt die direkt östlich an Langen angrenzende Stadt Offenbach dar, aus der immerhin noch 4,2% der Badegäste und 5,9% der Wassersportler an den Langener Waldsee kamen. Als Erklärung für diese Verteilung, die in den beigefügten Karten durch die dunkleren Farbtöne auch optisch deutlich hervortritt (siehe insb. Abb. 10 und 11), kommt unabhängig von der zunehmenden Entfernung die abschirmende Wirkung von Frankfurt am Main in Betracht: Der Gedanke an eine durch das Verkehrsaufkommen einer Großstadt „gehandicapte" Anfahrt dürfte sich auf die Besucher aus den nördlich bis nordöstlich von Frankfurt gelegenen Städten und Gemeinden einigermaßen abschreckend auswirken - dies vor allem dann, wenn wie z.B. bei den Badegästen nur ein kurzfristiger Aufenthalt am See geplant ist.

Im Vergleich zu den bisher genannten Regionen spielt daher der nordöstlich an den Verdichtungskern Frankfurt am Main/Offenbach angrenzende Raum eine eher untergeordnete Rolle. Bei den 354 befragten Badegästen gab es für den „Städtebogen" Königstein - Oberursel - Bad Homburg - Bad Vilbel - Büdingen - Hanau - Aschaffenburg - Dieburg immerhin noch vereinzelte Rückmeldungen (z.B. Bad Homburg: 5 Pers. (=1,4%); Aschaffenburg: 2 Pers. (=0,6%)), während bei den Wassersportlern und Campern diese Bereiche von wenigen Ausnahmen einmal abgesehen fast vollständig ausfielen. Dabei ist es angesichts der Gesamtzahl der Nennungen wohl als Zufall anzusehen, dass sich diese Ausnahmen bei den Wassersportlern auf das nördlich von Frankfurt am Main gelegene Königstein, auf Oberursel und Friedberg beschränkten, die Camper hingegen die östlich angrenzenden Regionen um Bad Vilbel, Hanau und Aschaffenburg „präferierten".

Vergrößert man den Radius des als Einzugsgebiet in Frage kommenden Raumes noch weiter nach außen, wird das Gesamtbild diffuser; die im Kernbereich zu beobachtenden Regelhaftigkeiten weichen räumlichen Mustern, die zunehmend willkürlicher anmuten und trotz des immer vorhandenen Einflusses der Verkehrsverbindungen kaum anders als durch den Faktor „Zufall" erklärt werden können. Sofern man hier überhaupt eine sinnvolle Aussage treffen kann, dann ist es die, dass auch in den Randgebieten der potentiellen Einzugsbereiche die eher westlich gelegenen Städte und Gemeinden im Vergleich zu ihren östlichen „Pendants" etwas häufiger als Herkunftsorte genannt wurden. Dies betrifft u.a. die Bereiche Koblenz, Eltville und Mainz (Badegäste, Camper), Bad Schwalbach, Idstein (Badegäste) oder auch Limburg und mit Einschränkungen Rüsselsheim (Wassersportler), während etwa das in östlicher Richtung in vergleichbarer Entfernung gelegene Gelnhausen keine Rolle mehr spielt. Allerdings sollte diese Aussage in Anbetracht der geringen Zahl der Nennungen nicht überbewertet werden.

Die Antworten der Fußgänger und Radfahrer auf eine entsprechende Frage („Wo sind Sie heute aufgebrochen?") fügen sich nahtlos in dieses Bild. Ein großer Teil der Befragten kam aus Frankfurt (37,0% der Fußgänger; 23,2% der Radfahrer) oder Langen selbst (11,1% der Fußgänger; 20,0% der Radfahrer); als weitere Herkunftsorte wurden Dreieich (7,4% der Fußgänger; 11,6% der Radfahrer), Neu-Isenburg (7,4% der Fußgänger; 8,4% der Radfahrer) sowie Dietzenbach (1,9% der Radfahrer) genannt. Bei dieser Verteilung muss jedoch berücksichtigt werden, dass der Aktionsradius der Fußgänger und Radfahrer im Vergleich zu den übrigen Gruppen, die nahezu ausschließlich mit dem eigenen PKW anreisten (siehe unten!), sehr viel geringer ist, was sich konsequenterweise in einem wesentlich knapper bemessenen Einzugsgebiet widerspiegelt. Eine Ausnahme bilden die Fußgänger und Radfahrer (vgl. hierzu die Antworten auf die Frage: „Wie sind Sie zu ihrem Startort gekommen?"), die den Langener Waldsee mittels PKW oder öffentlichen Verkehrsmitteln eigens mit dem Ziel ansteuerten, von dort aus einen Spaziergang oder eine Fahrradtour zu unternehmen. Diese Gruppe wird wohl mehrheitlich zu den beiden Dritteln der befragten Fußgänger bzw. Radfahrer (33,3% und 32,3%) gehören, die auch noch andere als die oben genannten Herkunftsorte als Ausgangspunkte ihrer „Unternehmung" angaben.

Abb. 10: Der Einzugsbereich des Langener Waldsees (Badegäste)

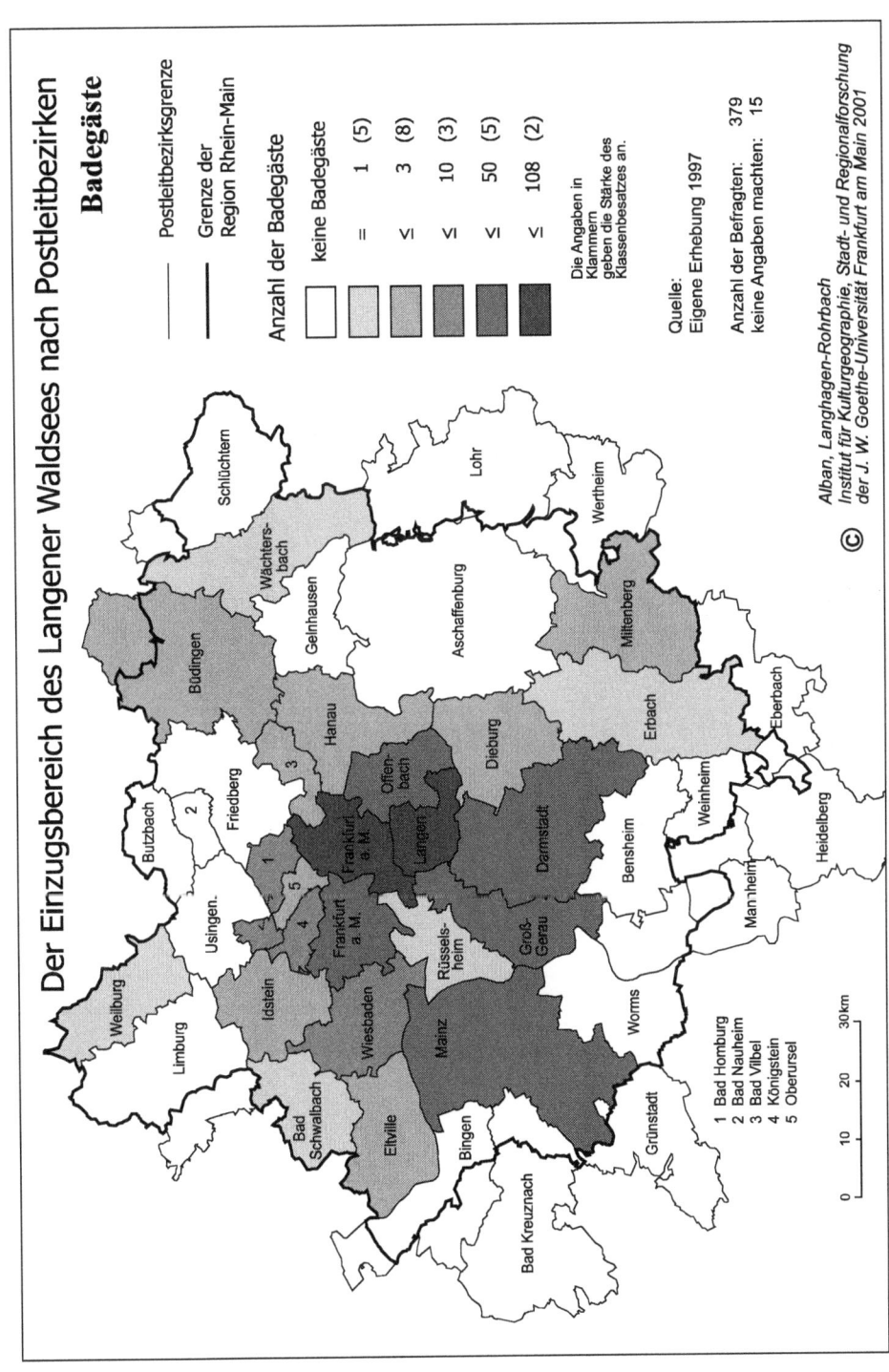

Quelle: Eigene Erhebung 1997

Abb. 11: Der Einzugsbereich des Langener Waldsees (Wassersportler)

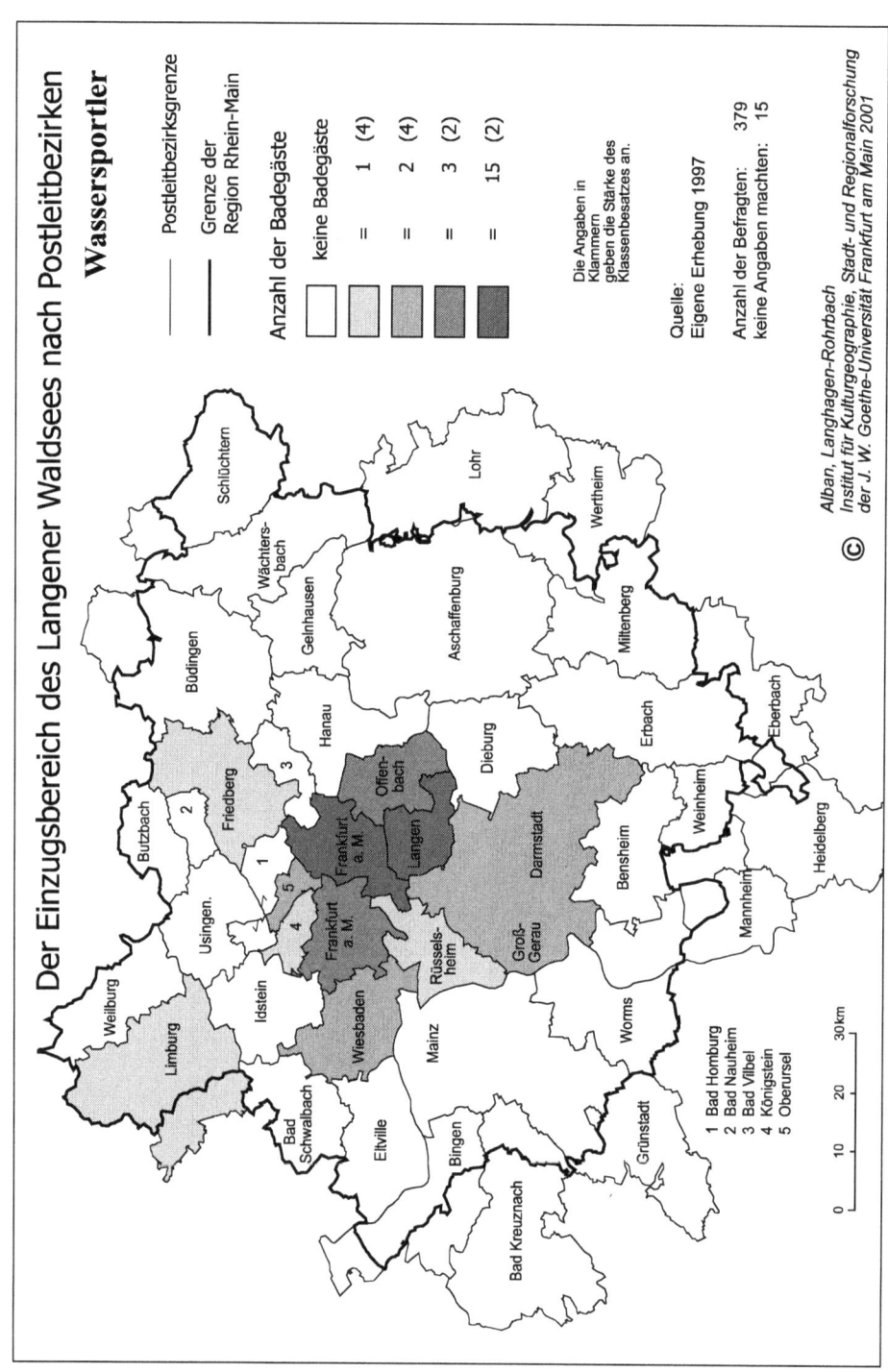

Quelle: Eigene Erhebung 1997

Abb. 12: Der Einzugsbereich des Langener Waldsees (Camper)

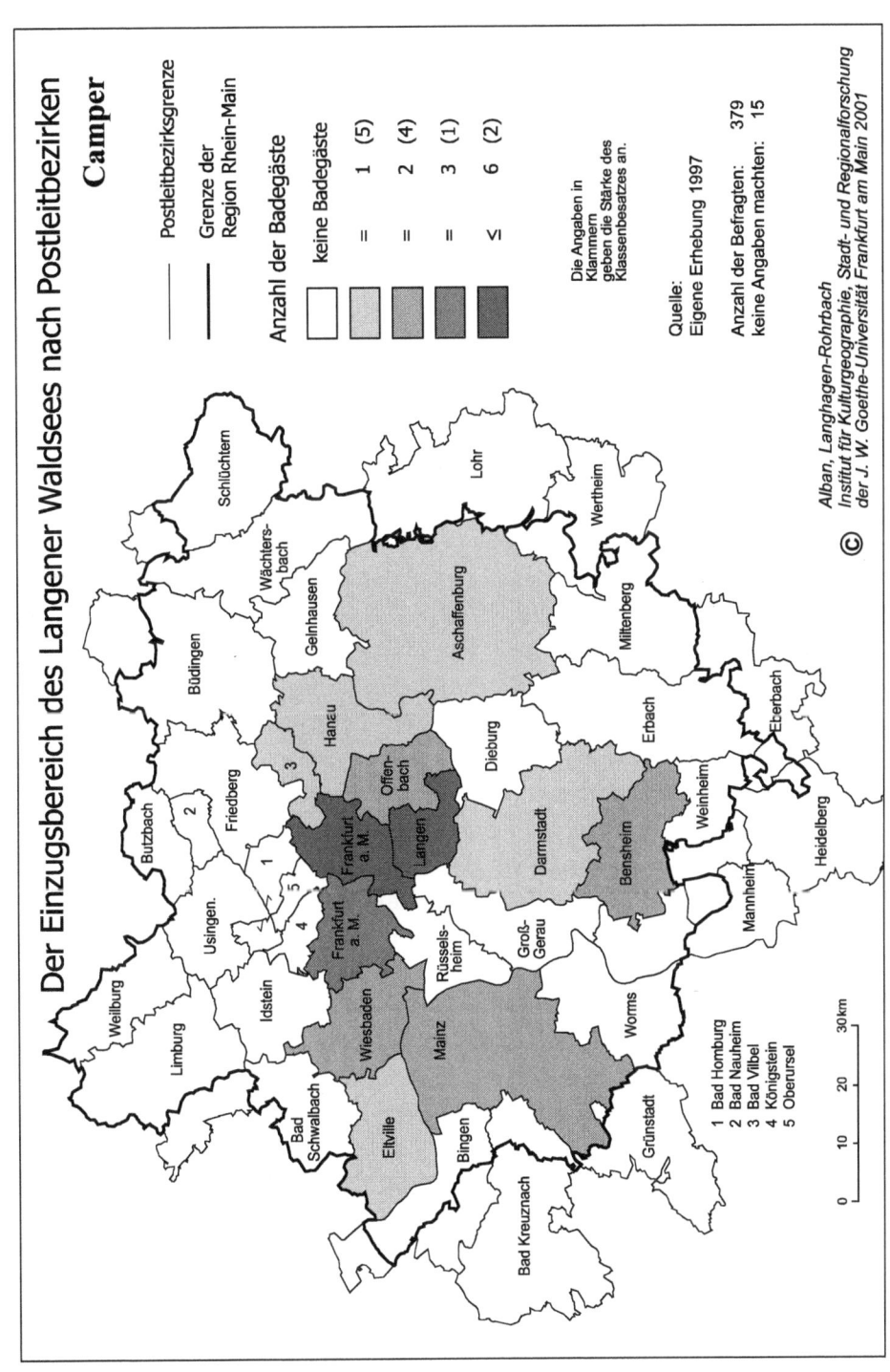

Quelle: Eigene Erhebung 1997

Die Vermutung, dass der Besuch des Langener Waldsees - sei es, um hier spazieren zu gehen oder Rad zu fahren, sei es, um hier zu baden oder Wassersport zu betreiben - nur ein Glied in einer verschiedene (Freizeit-)Aktivitäten umfassenden Handlungskette darstellt, lässt sich anhand der vorliegenden Befragungsergebnisse nicht bestätigen. Die weitaus überwiegende Mehrheit aller Befragten gab an, direkt von der eigenen Wohnung aus an den See gekommen zu sein; 85,6% der Badegäste, 87,1% der Radfahrer, 90,2% der Wassersportler und 93,1% der Camper (sic!) äußerten sich entsprechend. Lediglich die Fußgänger, von denen mehr als jeder zweite (55,6%) nicht von der eigenen Wohnung aufgebrochen war, nehmen hier eine gewisse Ausnahmestellung ein. Immerhin wurden von einigen wenigen der Befragten noch „Arbeitsplatz, Schule oder Universität" (9,3% der Badegäste, 2,0% der Wassersportler und 3,4% der Camper) oder „Urlaubsquartier" (4,0% der Badegäste, 3,9% der Wassersportler) als Ausgangsort genannt; doch spielen diese Nennungen mit Anteilen von jeweils unter zehn Prozent eine völlig untergeordnete Rolle.

In Ergänzung zu den bisherigen Überlegungen sollen nun noch kurz die in der Abbildung 13 skizzierten Herkunftsgebiete der Besucher am Langener Waldsee als das Ergebnis eines etwas anders angelegten Erhebungsverfahrens vorgestellt werden. Wurden weiter oben die Einzugsbereiche des Langener Waldsees differenziert nach den einzelnen Besuchergruppen untersucht, so basiert die folgende Abbildung auf den PKW-Kennzeichen, die mittels einfacher Begehungen an drei verschiedenen Tagen, am Sonntag, dem 20.7., am Mittwoch, dem 23.7. und am Donnerstag, dem 24.7.1997 auf den zum Langener Waldsee gehörigen Parkplätzen erfasst werden konnten. Daher erlaubt diese Abbildung keinen Vergleich zwischen den Einzugsbereichen unterschiedlicher Nutzergruppen; sie ermöglicht jedoch Aussagen im Hinblick auf die zeitliche Differenzierung der Einzugsbereiche, eine Differenzierung, die durch den besonderen Ablauf der Woche mit Werk- und Sonntagen, durch den Einfluss von Feiertagen und die daraus resultierende Option auf ein verlängertes Wochenende, aber auch durch Ferien oder den Wechsel der Jahreszeiten gerade bei Freizeiteinrichtungen sehr aufschlussreich sein kann. Da alle hier vorliegenden Daten im zeitlichen Zusammenhang mit der Nutzerbefragung im Juli 1997 erhoben wurden, müssen sich die nun folgenden Überlegungen auf die Unterscheidung Wochenende (Sonntag, 20.7.1997) und Woche (Mittwoch, 23.7. und Donnerstag, 24.7.1997) beschränken. Außerdem muss darauf hingewiesen werden, dass das vor allem am Sonntag und Donnerstag deutlich erkennbare „Übergewicht" der Besucher aus dem Ausland weniger auf eine dementsprechende Bedeutung des Langener Waldsees verweist, denn auf den hohen Anteil ausländischer Arbeitskräfte, die z.T. in der unmittelbaren Umgebung des Sees arbeiten und den dort sehr günstig gelegenen Parkplatz zum Abstellen ihrer Camping- und Wohnwagen benutzen. Hierbei handelt es sich laut Angaben des Langener Schwimmmeisters Herrn Appel, der das Strandbad am Waldsee betreut, u.a. um *eine Pflückerkolonne aus Polen, eine Gruppe von ca. 70 Personen, die schon seit mehreren Jahren hierher kommen.*

Abb. 13: Besucher an den Befragungstagen nach Autokennzeichen

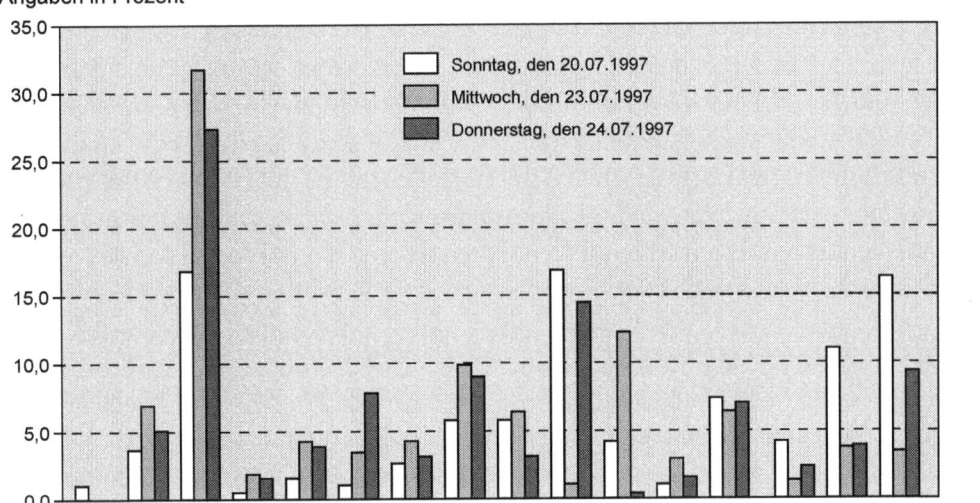

Quelle: Eigene Erhebung 1997

Trotz solcher Verzerrungen, die bei der Interpretation der Daten berücksichtigt werden müssen, lässt die genannte Abbildung einige interessante Schlussfolgerungen zur zeitlichen Differenzierung der Einzugsbereiche am Langener Waldsee zu: So tritt die Dominanz der näheren Umgebung, also der Bereiche Langen, Frankfurt am Main, Wiesbaden und Offenbach, sowohl am Sonntag als auch an den beiden Wochentagen durch die hohen Gästeanteile aus diesen Gebieten deutlich hervor. Wenn überhaupt eine Unterscheidung zwischen Wochenende und Woche getroffen werden kann, dann ist es die, dass sich der Einzugsbereich zum Wochenende insgesamt vergrößert und damit die unmittelbar benachbarten Landkreise weniger stark dominieren. Dieser Eindruck erfährt durch die Überlegung, dass an „freien" Wochentagen wie den Samstagen und Sonntagen zwecks Ausübung bestimmter Freizeitaktivitäten auch einmal längere Anfahrtswege in Kauf genommen werden, eine gewisse Bestätigung. Hinzu kommt, dass gerade am Sonntag PKW-Kennzeichen aus dem „übrigen Hessen" bzw. dem „übrigen Deutschland" etwas häufiger als an den Wochentagen erfasst wurden - auch dies ein Indiz dafür, dass der Einzugsbereich des Langener Waldsees an den Wochenenden etwas „großzügiger" bemessen werden muss. Dagegen scheinen PKWs aus einzelnen Landkreisen in „mittlerer" Entfernung wie z.B. dem Hochtaunuskreis, dem Landkreis Groß-Gerau und mit Einschränkungen auch aus dem Wetterau-, dem Main-Kinzig- und dem Rheingau-Taunus-Kreis an den Wochentagen mindestens ebenso oft gezählt worden zu sein als am Sonntag, was vielleicht als ein etwas überraschendes Ergebnis angesehen werden muss.

Die Entscheidung, eine bestimmte Freizeiteinrichtung aufzusuchen oder eben nicht aufzusuchen, wird neben vielen anderen Überlegungen auch von der Abwägung des hierfür notwendigen Aufwandes beeinflusst. Und dieser Aufwand bemisst sich sehr viel weniger nach der absoluten Entfernung, die zwischen Ausgangspunkt und Ziel zurückgelegt, denn nach der Zeit, die hierfür aufgebracht werden muss. Sicher wird dieser Zeitaufwand nach der Regel „Je weiter, desto länger!" in Korrelation zur Zahl der zu überwindenden Kilometer steigen, werden Besucher aus weiter entfernt gelegenen Herkunftsorten mehr Zeit aufwenden müssen als solche, die aus der unmittelbaren Umgebung an den See kommen. Auf der anderen Seite können sich aber Faktoren wie das benutzte Verkehrsmittel, bei Verwendung des PKWs der Ausbau der Verkehrswege und -verbindungen, tageszeitliche Einflüsse, beim ÖPNV die Taktzeiten von Bussen und Bahnen, die Qualität der Anbindungen usw. durchaus modifizierend auf den zum Erreichen des Sees erforderlichen Zeitaufwand auswirken. Insofern ist es sinnvoll, unabhängig von der Frage, von wo aus man denn zum Langener Waldsee aufgebrochen sei, auch die Frage nach der für den Weg zum See benötigten Zeit zu fragen. Die genauen Angaben sind - differenziert nach den verschiedenen Besuchergruppen - im Anhang in Tabellenform dargestellt.

Analysiert man diese Werte im einzelnen, wird die weiter oben bereits aufgestellte These, dass sich die Bedeutung des Langener Waldsees für die Freizeit vor allem auf die unmittelbar angrenzenden Teilräume erstreckt, erneut bestätigt. Die Mehrheit der befragten Besucher kommt aus der näheren Umgebung: 48,7% der Badegäste, 70,6% der Wassersportler und erstaunliche 41,3% der Camper gaben an, nicht mehr als 20 Minuten für die Anfahrt zum See benötigt zu haben. Erweitert man diese Zeitspanne auf etwa 30 Minuten, werden 77,2% der Badegäste, 94,1% der Wassersportler und immerhin noch 65,2% der Camper erfasst. Im Vergleich dazu fallen Anfahrtszeiten von mehr als einer Stunde, wie sie etwa von 6,0% der Badegäste und 6,9% der Camper genannt wurden, kaum ins Gewicht.

Während solche Werte für die Gruppe der Badegäste und Wassersportler, die sich zur Ausübung ihrer Freizeitaktivitäten (Baden und Schwimmen, Segeln, Surfen, Angeln usw.) oft nicht mehr als einige Stunden oder einen Tag am See aufhalten, plausibel erscheinen mögen, muss der hohe Anteil der Camper mit Anfahrtszeiten von weniger als einer oder gar einer halben Stunde überraschen. Hier vermag eine Äußerung des Schwimmmeisters Herr Appel eine mögliche Erklärung zu liefern: *Auf dem Zeltplatz gibt es viele Dauercamper, die ihren Urlaub von drei bis vier Wochen oder sogar noch längere Zeit hier verbringen.* Dabei deutet der Begriff „Dauercamper" darauf hin, dass es sich bei dieser Personengruppe wohl auch um Besucher handelt, die in der näheren Umgebung wohnen und ihren Wohn- oder Campingwagen für längere Zeit auf dem Zeltplatz abstellen, um sich dort am Feierabend nach der Arbeit oder auch an den Wochenenden aufzuhalten - auch dies ein Verhalten, welches die Bedeutung des Langener Waldsees für die wohnstandortnahe Freizeitgestaltung unterstreicht. Die sich hier aufdrängende Vermutung, dass in solchen Fällen der Zeltplatz als Ersatz für den nicht dass in solchen Fällen der Zeltplatz als Ersatz für den nicht vorhandenen Balkon oder Garten „herhalten" muss, kann durch die Tatsache, dass 20,7% der Camper aus Langen selbst und 31,0% aus Frankfurt am Main (vgl. Abb. 12) an den See kamen, nur bestätigt werden.

Da auch bei der bereits zitierten Untersuchung des Schultheisweihers in Offenbach am Main nach der Zeitdauer für die Anreise der Badegäste gefragt wurde, erscheint es sinnvoll, zum Abschluss dieser Ausführungen die dort erhobenen Daten mit den am Langener Waldsee ermittelten Zahlen zu vergleichen. Aus diesem Grunde wurden die in der Tabelle im Anhang angegebenen Werte zusammengefasst, wobei sich folgendes Bild ergab: Wegezeiten bis zu 10 Minuten benötigten am Langener Waldsee 11,0% der Badegäste, am Schultheisweiher 21,0%, Zeiten über 10 bis zu 20 Minuten: 37,6% (Langener Waldsee) versus 32,0% (Schultheisweiher), Zeiten über 20 bis zu 30 Minuten: 28,5% versus 16,9%, Zeiten über 30 Minuten bis zu einer Stunde: 22,4% versus 16,1% und Zeiten über eine Stunde: 5,9% versus 5,9%. Trotz einer gewissen methodischen „Schwierigkeit" (Die beim Langener Waldsee eingeführte Kategorie „ca. 30 Min." lässt sich nicht exakt von der Kategorie „30-60 Min." trennen und „verführt" so zu ungenauen Antworten! Um eine „passgenaue" Gegenüberstellung mit den Daten des Schultheisweihers zu ermöglichen, wurden die Antworten „ungefähr 30 Minuten" am Langener Waldsee der Klasse „20-30 Min." zugeordnet.) führt der Vergleich der an den beiden Seen genannten Wegezeiten zu einigen interessanten Schlussfolgerungen:

Beschränkt man die Betrachtung zunächst auf den Bereich der relativ kurzen Wegezeiten, so muss von einer eindeutigen „Überlegenheit" des Schultheisweihers ausgegangen werden. Der Anteil derjenigen Badegäste, die maximal 10 Minuten für den Weg zum See benötigten, war mit 21,0% am Schultheisweiher fast doppelt so hoch wie der entsprechende Anteil der Badegäste am Langener Waldsee (11,0%) - dies ein Hinweis darauf, dass die lokale Bedeutung des Schultheisweihers vielleicht noch stärker ausgeprägt ist. Bei den „mittleren" Wegezeiten in der Größenordnung von „10-20 Min." bzw. „20-30 Min." dominiert hingegen der Langener Waldsee mit einem deutlichen Vorsprung von knapp sechs bzw. über 11 Prozent. Als mögliche Erklärung für diese beiden Verteilungen kommt jedoch nicht nur eine auf einem eventuell vorhandenen Attraktivitätsgefälle beruhende und daher unterschiedlich weit in die Umgebung hineinreichende „Ausstrahlung" der Seen in Betracht; auch die Lage und insbesondere die Entfernung zu den benachbarten Wohngebieten vermag hier eine entscheidende Rolle zu spielen. In der Kategorie „30-60 Min." holt der Schultheisweiher wieder auf; den 22,4% der Badegäste, die zum Erreichen des Schultheisweihers einen Weg von bis zu einer Stunde auf sich nahmen, steht am Langener Waldsee ein Anteil von lediglich 16,1% gegenüber. Addiert man hierzu jedoch die in beiden Fällen jeweils knapp sechs Prozent der Badegäste, die Wegezeiten von über einer Stunde angaben, so muss die These von der primär auf die unmittelbare Umgebung eingeschränkte Bedeutung der zwei Seen möglicherweise in einem etwas anderen Licht gesehen werden.

2.2.2 Erreichbarkeit des Langener Waldsees

Die Beantwortung der Frage, welche Verkehrsmittel die Besucher bevorzugen, ist vor allem im Hinblick auf die zukünftige Verkehrsplanung von Interesse, geht es doch in diesem Zusammenhang meist darum, ob der Zugang zu einem Freizeit- und Erholungsgebiet wie dem Langener Waldsee für den motorisierten Individualverkehr erschwert und zugunsten umweltfreundlicher Verkehrsarten wie etwa dem ÖPNV, dem Fahrrad oder gar der „Anreise zu Fuß" eingeschränkt werden soll. Dass eine solche Verlagerung von den Verkehrsplanern als wünschenswert angesehen wird, ist unbestritten; die diesbezüglichen Absichtserklärungen sprechen eine mehr als deutliche Sprache: „Von Langen und den umliegenden Städten und Gemeinden aus ist der Waldsee gut mit dem Fahrrad zu erreichen. (...) Voraussichtlich ab 1997 sollen öffentliche Verkehrsmittel den Waldsee an den besonders heißen Wochenenden und während der hessischen Sommerferien anfahren. (...) Der heutige Parkplatz auf dem Strandbadgelände wird geschlossen, damit das Gebiet beruhigt wird und die Badegäste weniger durch an- und abfahrende Autos gestört werden." Da ist von ausgebauten und beschilderten Radwegen durch schattige Wälder die Rede, von Shuttlebussen, die die Waldseebesucher von den S-Bahn-Haltestellen direkt zum Strandbad Langener Waldsee und zurück bringen oder von einer Verlegung des Parkplatzes direkt an die Zufahrt von der B44, also an den Rand des eigentlichen Freizeitbereiches (Quelle: Umlandverband Frankfurt am Main. August 1996).

Unabhängig davon, dass solche Vorstellungen nicht nur nachvollziehbar, sondern aus ökologischen Gründen auch sinnvoll sein mögen, scheitert ihre Umsetzung jedoch nur allzu oft an den durch die Realität geschaffenen harten Fakten. Und diese sprechen am Langener Waldsee ihre eigene Sprache: 67,5% der Badegäste, 84,3% der Wassersportler und 86,2% der Camper kamen mit dem PKW zum See! Während das Fahrrad von immerhin noch 23,7%, 11,8% resp. 3,4% der eben bezeichneten Besuchergruppen als das Verkehrsmittel der Wahl angegeben wurde, erreichten die Nennungen „zu Fuß", „ÖPNV" und „Motorrad" Prozentwerte in einer Größenordnung, die gemessen an der Höhe der PKW-Anteile als vernachlässigbar angesehen werden muss. Lediglich 4,2% der Badegäste und 3,4% der Camper kamen mit dem Motorrad; weitere 4,0% der Badegäste benutzten öffentliche Verkehrsmittel.

Die Vermutung, dass die Entscheidung der Badegäste(!) für oder wider ein bestimmtes Verkehrsmittel von sozio-demographischen/-ökonomischen oder sonstigen Aufenthaltsmerkmalen beeinflusst ist, kann anhand der vorliegenden Daten (vgl. Tabellen im Anhang) nicht bestätigt werden. Eine - statistisch signifikante - Korrelation der benutzten Verkehrsmittel mit Geschlecht, Haushaltsgröße und Familienstand lässt sich ebenso wenig nachweisen wie eine Verbindung mit Einkommen oder der Häufigkeit des Besuchs (Erstbesucher: ja/nein). Immerhin gibt es Anzeichen für einen Zusammenhang zwischen Verkehrsmittelwahl und Alter, wobei die älteren Besucher über 50 Jahre eher als die jüngeren dazu neigen, den

Langener Waldsee zu Fuß oder mit dem Fahrrad aufzusuchen (bis 30 Jahre: 22,4%; 30-50 Jahre: 21,3%; über 50 Jahre: 40,8%). Demgegenüber kamen die jüngeren Badegäste etwas häufiger mit öffentlichen Verkehrsmitteln (4,6% und 4,1% versus 2,0%) oder mit dem eigenen PKW (73,0% und 73,8% versus 57,1%). Als mögliche Erklärung für dieses Verhaltens bietet sich ein mit zunehmendem Alter steigendes Gesundheitsbewusstsein der Befragten (zu Fuß/Fahrrad) an, ein Argument, das auch durch die Tatsache, dass gerade bei den Radfahrern die über 50jährigen und über 60jährigen stärker als alle anderen Jahrgänge vertreten waren, gestützt wird (vgl. Kap. 2.1.1).

Im Hinblick auf Kriterien wie „Einkommen" oder „Gruppengröße" lassen sich allenfalls mit „sehr viel gutem Willen" gewisse Zusammenhänge vermuten. So ist anzunehmen, dass Besucher in Begleitung eher mit dem PKW kommen (74,4%) als „Alleinbesucher" (63,0%), die häufiger zu Fuß oder via Fahrrad den Waldsee ansteuern (37,0% versus 20,6%). Entsprechendes gilt für den Einfluss der Einkommensverhältnisse, wo der Verdacht nahe liegt, dass mit steigenden Einkünften auch die Neigung wächst, den PKW zu benutzen, während gleichzeitig die Abneigung gegen öffentliche Verkehrsmittel zunimmt. Allerdings sollten die hier formulierten „Vermutungen" im Sinne von Tendenzaussagen mit äußerster Vorsicht interpretiert werden, da ein statistisch signifikanter Zusammenhang nicht zu belegen ist. Als eine - vielleicht ganz interessante - „Randnotiz" soll hier lediglich noch erwähnt werden, dass die „Erstbesucher" am Langener Waldsee, denen man in erster Näherung kaum profundere Kenntnis der örtlichen Verhältnisse attestieren würde, etwas häufiger mit öffentlichen Verkehrsmitteln an der See kamen als die „Wiederholer" (8,3% versus 2,9%), ein Ergebnis, dass einigermaßen überraschend anmutet, aber nichtsdestotrotz als Erfolg für die Informationspolitik der zuständigen „Verkehrsbetriebe gewertet werden darf !?

Aufschlussreicher als der Versuch, die Verkehrsmittelwahl der Badegäste am Langener Waldsee mit verschiedenen sozio-demographischen und -ökonomischen sowie bestimmten Aufenthaltsmerkmalen in Verbindung zu bringen, ist eine - ebenfalls auf die Badegäste beschränkte - Gegenüberstellung mit den am Schultheisweiher erhobenen Daten. Diese Daten zeigen, dass die oben skizzierte Verteilung (und insbesondere die Konzentration auf den PKW als das Verkehrsmittel der Wahl!) nicht zwangsläufig ist: Den über zwei Drittel PKW-Benutzern am Langener Waldsee standen am Schultheisweiher lediglich 26,5% Autofahrer gegenüber. Die übrigen Badegäste benutzten das Fahrrad (56,2%; Langener Waldsee zum Vergleich: 23,7%), kamen zu Fuß (9,6%; Langener Waldsee: 0,3%) oder fuhren mit öffentlichen Verkehrsmitteln (6,4%; Langener Waldsee: 4,0%).

Auf der Suche nach einer Erklärung für das z.T. doch recht unterschiedliche Verhalten der Badegäste an den beiden Seen soll zunächst die Qualität der ÖPNV-Anbindung einer näheren Betrachtung unterzogen werden. Sowohl am Schultheisweiher als auch am Langener Waldsee lässt die derzeitige Erschließung mit öffentlichen Verkehrsmitteln einiges zu wünschen übrig, eine Situation, die - wie

wie die geringen Anteile der ÖPNV-Benutzer belegen - von den Badegästen entsprechend „honoriert" wird. So heißt es etwa für den Schultheisweiher: „Deutlich aus dem Rahmen fallen die Wegezeiten der wenigen Nutzer des ÖPNV. Die kürzeste Anreisezeit beträgt hier 20 Minuten. 71,4% dieser Personengruppe brauchen mehr als eine halbe Stunde, um an den Badesee zu gelangen. Für immerhin 14,3% der ÖPNV-Benutzer beträgt die Anreisezeit mehr als eine Stunde. In diesen Werten spiegelt sich sehr eindeutig die völlig unzureichende Erschließung des Gebietes durch die öffentlichen Verkehrsmittel wider." (WOLF et al. 1997, 37). Dass unter solchen Begleitumständen - und dies gilt auch für den Langener Waldsee - die Anreise via ÖPNV nur sehr zögerlich akzeptiert wird, versteht sich von selbst. 41,5% der Badegäste (Schultheisweiher zum Vergleich: 45,2%), 52,9% der Wassersportler und 31,0% der Camper bewerteten die Erreichbarkeit des Langener Waldsees per ÖPNV als schlecht; 7,6% (Schultheisweiher: 12,8%), 9,8% und 20,7% dieser Personengruppen äußerten sich zufriedenstellend und lediglich 11,9% (Schultheisweiher: 11,9%), 7,8% resp. 3,4% beurteilten die Erreichbarkeit des Langener Waldsees mit öffentlichen Verkehrsmitteln als gut. Und da ist es auch nicht weiter verwunderlich, dass dieses Ergebnis im Rahmen der geführten Expertengespräche knapp, aber zutreffend mit den Worten *„Der Pendelbus wird kaum genutzt. Er fährt nur, damit der Fahrer nicht laufen muss!"* zusammengefasst wurde.

Während die Abneigung der Badegäste gegenüber dem ÖPNV an beiden Seen gleichermaßen verbreitet war, zeigten sich bei den anderen Verkehrsmitteln erheblich größere Unterschiede, wobei die Anteile der PKW-Benutzer mit 67,5% am Langener Waldsee gegenüber 26,5% am Schultheisweiher am weitesten „auseinanderklafften". Ein Grund für diese auffällige Differenz mag das unterschiedliche Parkplatzangebot an den zwei Seen sein: „Da es nicht möglich ist, den Schultheisweiher direkt mit dem Auto oder mit öffentlichen Verkehrsmitteln zu erreichen, wird jeder Autofahrer und Benutzer von Bus und Bahn auf dem Weg zum Schultheisweiher zwangsläufig zum Fußgänger. Die nahegelegensten Parkmöglichkeiten befinden sich auf der Zufahrtsstraße 300m bis 500m vom Badesee entfernt ..." (WOLF et al. 1997, 35). Diese Situation muss - vor allem aus der Sicht der Autofahrer! - am Langener Waldsee wesentlich günstiger bewertet werden, da z.Zt. noch die Möglichkeit besteht, mit dem PKW bis unmittelbar an den See heranzufahren und den dort direkt am Eingang des Strandbades gelegenen Parkplatz zu benutzen.

Dass dieses „Angebot" von den Besuchern des Waldsees (92,9% der Badegäste, 34,9% der Wassersportler und 100,0% der Camper parkten dort!) angenommen und mehr noch: ausgesprochen begrüßt wird, spiegelt sich u.a. in der Bewertung der Erreichbarkeit des Sees „per PKW" wider: 67,8% der Badegäste, 74,5% der Wassersportler und 72,4% der Camper antworteten auf eine diesbezügliche Frage mit einem entschlossenen „gut!". 11,0%, 11,8% und 13,8% der eben genannten Personengruppen waren mit den Zufahrtsmöglichkeiten für PKWs zufrieden und lediglich 15,0%, 11,8% resp. 6,9% äußerten sich zurückhaltend, indem sie die PKW-Erreichbarkeit des Langener Waldsees als „schlecht!" einstuften (vgl. Abb. 14). Am

Schultheisweiher überwog hingegen die Zahl der skeptischen Äußerungen mit 33,7% (Langener Waldsee: 15,0%); 17,3% waren mit der Erreichbarkeit per PKW zufrieden (Langener Waldsee: 11,0%) und nur 24,2% der Badegäste am Schultheisweiher (gegenüber 67,8% am Langener Waldsee) bewerteten die Zufahrtsmöglichkeiten für PKWs als gut - eine Einschätzung, die angesichts der oben skizzierten Parkplatzsituation nicht weiter überraschen muß.

Deutliche Unterschiede zwischen den beiden Seen können auch bei den Anteilen der „Radfahrer" bzw. „Fußgänger" festgestellt werden, wobei die Badegäste am Langener Waldsee mit Prozentwerten von 23,7% (Fahrrad) und 0,3% (Fuß) gegenüber dem Schultheisweiher (56,2% und 9,6%) einigermaßen „ins Hintertreffen" gerieten. Als mögliche Ursache für diese Werte kann die Nähe zu Wohngebieten in der Umgebung der Seen in Betracht gezogen werden, zumal die Befragung am Schultheisweiher ergab, dass die schnelle fußläufige Erreichbarkeit des Freizeitareals für einen großen Teil der so „anreisenden" Besucher von entscheidender Bedeutung ist: „ ... so ergeben sich für die Fußgänger relativ kurze Anwegezeiten. Ein Drittel erreicht den Badesee schon nach einem Fußweg von höchstens 10 Minuten. Knapp 62% der Fußgänger benötigen höchstens 20 Minuten für die Anreise." (WOLF et al. 1997, 36f.). Entsprechendes gilt für die „Radfahrer", wobei jedoch einschränkend hinzugefügt werden muss, dass gerade von diesen Besuchergruppen mitunter sehr viel längere Wegezeiten in Kauf genommen werden, da der „Spaziergang" oder die Fahrradtour zum See schon als Teil der Freizeitgestaltung angesehen wird. Dies ein Hinweis darauf, dass in solchen Fällen die Dauer der Anreise in Stunden und Minuten nicht vorschnell als Indikator für die Qualität der Erreichbarkeit herangezogen werden darf.

Abb. 14: Zufriedenheit mit der Erreichbarkeit nach Verkehrsmitteln

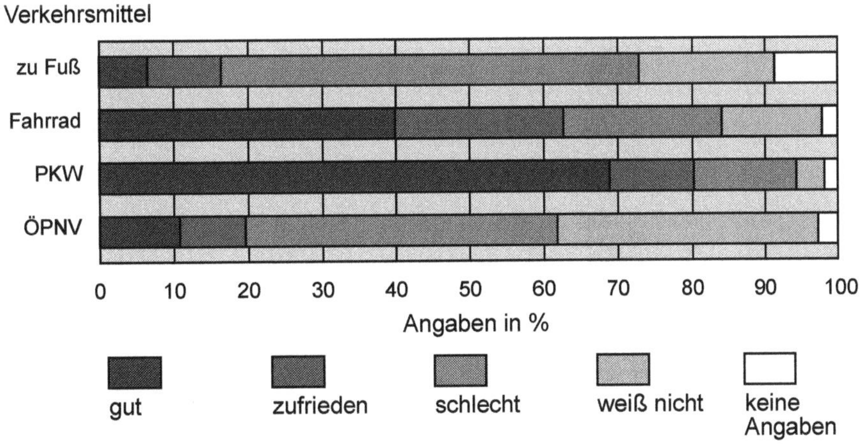

Quelle: Eigene Erhebung 1997

Vor diesem Hintergrund ist es vielleicht nicht allzu erstaunlich, dass sich die hierzu befragten Besucher am Langener Waldsee, auch wenn sie selbst ganz andere Verkehrsmittel bevorzugten, zumindest im Hinblick auf die Anfahrt mit Fahrrad recht positiv äußerten: 42,1% der Badegäste (Schultheisweiher zum Vergleich: 84,0%), 29,4% der Wassersportler und 31,0% der Camper bewerteten die Erreichbarkeit mit dem Rad als gut - dies möglicherweise eine Bestätigung für Führung, Zustand und Ausstattung des Radwegenetzes, auf dessen Bewertung im Zusammenhang mit der Radfahrerbefragung noch zurückzukommen sein wird. Eine zufriedenstellende Erreichbarkeit per Fahrrad attestierten dem Langener Waldsee immerhin noch 22,6% (Schultheisweiher: 8,2%), 29,4% bzw. 13,8% der genannten Personengruppen, während sich die übrigen Stimmen zu 19,8% (Schultheisweiher: 2,7%), 29,4% und 27,6% auf die Kategorie „schlecht" verteilten. Für den Anweg „zu Fuß" ergibt sich dagegen ein etwas unerfreulicheres Bild: Unabhängig von den Campern, die sich aus leicht nachvollziehbaren Gründen bei dieser Frage jeder Antwort enthielten, schätzten 59,9% der Badegäste (Schultheisweiher: 38,4%) und 64,7% der Wassersportler die Erreichbarkeit des Waldsees zu Fuß als schlecht ein; 10,5% (Schultheisweiher: 13,7%) und 11,8% nahmen einen Anmarsch zu Fuß noch ganz „zufrieden" in Kauf. „Gut" äußerten sich hingegen nur wenige Befragte; lediglich 7,1% der Badegäste (Schultheisweiher: 37,0%) und 5,9% der Wassersportler konnten sich zu dieser Auffassung „durchringen".

Obwohl die Gründe, die für die hier zitierte Einschätzung der Erreichbarkeit des Langener Waldsees maßgeblich sein dürften, in Ansätzen schon dargestellt wurden, soll zum Abschluss dieses Kapitels noch kurz auf die diesbezüglichen Angaben der Befragten selbst eingegangen werden. Auf die Frage „Warum sind Sie auf diese Art angereist?" spielte bei vielen Besuchern die Überzeugung, dass die von ihnen gewählte Form der Anreise nun einmal die bequemste sei, die Hauptrolle. 47,6% der Badegäste, 33,3% der Wassersportler und 25,7% der Camper bekannten sich zu dieser Einstellung. Die relativ hohen Anteile derjenigen, die über einen zu weit entfernten Wohnort (20,6% der Badegäste, 22,8% der Wassersportler und 25,7% der Camper) oder zu viel Gepäck klagten (5,8%, 26,3% und 28,6%) fügen sich nahtlos in dieses Bild, lassen doch auch diese Antworten den Schluss zu, dass trotz vorhandener Alternativen das jeweilige Verkehrsmittel der Wahl von den Befragten als die schnellste, einfachste oder eben die bequemste Lösung angesehen wurde.

Die in diesem Zusammenhang festgehaltenen Äußerungen der Experten bestätigen diese Auffassung: Für die Wassersportler ist eine gute *PKW-Anbindung wichtig. Es gibt z.B. keinen Bootsverleih am See. Surfbretter und andere Sportutensilien werden von rund 50% der Sportler mitgebracht, da die Vereine eigenes Gerät voraussetzen. Um so mehr ist der Verzicht auf die früher sehr günstige (ca.4-7km) PKW-Verbindung von Langen aus zu beklagen. Jetzt ist die doppelte Wegstrecke erforderlich.* In eine ähnlich Richtung zielt die Aussage des Schwimmmeisters, Herrn Appel, der im Hinblick auf das Publikum am Langener Waldsee feststellt, dass es sich hier überwiegend um *Stammpublikum, vor allem Familien mit kleinen Kindern* handelt, für die der PKW eben nicht nur ein Fortbewegungsmittel, sondern auch ein Transportmittel darstellt. Solche Zusammenhänge müssen auch von den z.T. ja bereits geplanten Maßnahmen zur Veränderung der verkehrlichen Situation, die zumindest derzeit noch eindeutig auf die Anreise mit dem eigenen PKW abgestellt ist, berücksichtigt werden. Wird in diese Rahmenbedingungen eingegriffen, muss auch mit einer Änderung der Besucherstruktur (Besucherzusammensetzung) und des Besucherverhaltens gerechnet werden.

Gemessen an den eben genannten Gründen traten „Autofetischisten" („Nur mit dem Auto!") oder „Sportfans", die wohl zu Fuß oder per Fahrrad den Langener Waldsee ansteuerten, relativ selten auf. Lediglich 1,3% der Badegäste waren überzeugte PKW-Anhänger, 5,3% dieser Besuchergruppe und 1,8% der Wassersportler argumentierten mit dem Bedürfnis, den Weg zum Langener Waldsee möglichst sportlich gestalten zu wollen. Im Vergleich dazu kamen diejenigen, die sich - ob berechtigt oder nicht berechtigt sei hier dahingestellt - in einer Zwangslage glaubten und für die Wahl ihres Verkehrsmittels die „Schlechte ÖPNV-Anbindung!" bzw. „Fehlende Alternativen!" als Argument anführten, wieder etwas häufiger vor: Die unzureichende Erschließung mit öffentlichen Verkehrsmitteln machten 5,8% der Badegäste, 8,8% der Wassersportler sowie 5,7% der Camper geltend, während auf die Antwort „Keine Alternativen!" 12,2%, 5,3% und 8,6% der entsprechenden Stimmen entfielen.

Die von den Befragten genannten Gründe auf die Frage, warum man eben auf diese und keine andere Art und Weise angereist sei, spiegeln u.a. auch die unterschiedlichen Motivationen der Besucher am See wider. Während der größte Teil der befragten Personen eine schnelle und bequeme Anreise bevorzugte - und zwar unabhängig davon, welches Verkehrsmittel dies im jeweiligen Falle bedeuten mochte - spielten für andere „Sachargumente" wie etwa das viele Gepäck, die Notwendigkeit, Bade- und möglicherweise gar Sportutensilien befördern zu müssen, die entscheidende Rolle. Wieder andere verbanden schon mit dem Weg zum See freizeitähnlichen Verhaltensweisen. Der Wunsch nach Bewegung, ja sportlicher Betätigung animierte diese Personengruppe zu Fußwegen und Fahrradtouren, auch wenn dies eben nicht die bequemste, die schnellste oder die zum Transport von Gepäck geeignetste Form der Anreise darstellte. Darüber hinaus soll ein - nach den bisherigen Erfahrungen mit solchen Untersuchungen - ziemlich überraschendes Phänomen nicht unerwähnt bleiben: Zur Gruppe der Fußgänger, Radfahrer und ÖPNV-Benutzer gehören in der Regel auch diejenigen, die für ihr Verhalten das Argument der Umweltfreundlichkeit anführen. Es ist erstaunlich, dass auf diese - allerdings offen gestellte - Frage keiner der Besucher eine dementsprechende Antwort gab - dies ein Hinweis darauf, dass - menschlich vielleicht nur allzu verständlich - persönliche Gründe (und sei es auch nur die eigene Bequemlichkeit!) das Verhalten weitaus stärker bestimmen als alle übergeordneten Ziele, auch wenn sie von der Gesellschaft als allgemein richtig erkannt und akzeptiert werden sind.

2.3 Nutzung des Langener Waldsees in ihrer zeitlichen und räumlichen Verteilung

Es ist vielleicht ein besonderes Merkmal von Freizeiteinrichtungen, dass ihre Inanspruchnahme im Vergleich zu vielen anderen Dienstleistungsangeboten erstaunlichen Schwankungen unterworfen ist. Gerade das mit dem Begriff „Freizeit" zu assoziierende Moment der Freiwilligkeit erlaubt dem potentiellen Kunden bzw. Besucher weitgehend unabhängig darüber zu entscheiden, ob er von der Möglichkeit, eine bestimmte Freizeiteinrichtung zu nutzen, Gebrauch macht oder eben auch nicht. Darüber hinaus kommt bei einer Einrichtung wie dem Langener Waldsee hinzu, dass die Abhängigkeit von der Wetterlage - ein Faktor, dessen sich auch die an dieser Untersuchung beteiligten Studenten im Laufe der Befragung im Juli vorigen Jahres äußerst „schmerzhaft" bewusst wurden - einen mitunter alles entscheidenden Einfluss auf die Nutzung eines Badesees(!) ausüben kann. Schulferien und Urlaubszeiten, die Woche in ihrer typischen Polarität von Werktagen und Wochenende, jahreszeitliche Einflüsse - das alles sind Parameter, die sich im Hinblick auf die Frequentierung von Freizeiteinrichtungen förderlich oder hemmend auswirken können. Die im Rahmen der Befragung erhobenen diesbezüglichen Daten und die daraus sich abzeichnenden Nutzungsmuster in zeitlicher und räumlicher Hinsicht sollen in den nun folgenden Abschnitten dargestellt werden.

2.3.1 Dauer, zeitliche Verteilung und Häufigkeit des Aufenthalts

Im Zusammenhang mit den zeitlichen und räumlichen Nutzungsmustern sind sicherlich die näheren Begleitumstände des Aufenthalts, die sich in Fragen wie „Sind Sie das erste Mal hier?", „Sind Sie alleine hier oder in Begleitung?" widerspiegeln, von besonderen Interesse, bilden doch solche Umstände die Rahmenbedingungen für das zeitlich und räumlich relevante Verhalten der Besucher am See. Wie nicht anders zu erwarten gab die Mehrheit der Befragten zu, den Langener Waldsee von früheren Besuchen her zu kennen: 77,7% der Badegäste, 86,3% der Wassersportler und 89,7% der Camper äußerten sich entsprechend, während 20,6% der Badegäste, 9,8% der Wassersportler und 6,9% der Camper angaben, sich zum Zeitpunkt der Befragung zum ersten Mal hier aufzuhalten. Dabei ist der etwas höhere Anteil der „Neuankömmlinge" bei den Badegästen nicht weiter überraschend, wird doch die Entscheidung, „irgendwo" zum Baden zu gehen, sicherlich spontaner gefällt als der nur allzu häufig von Gewohnheiten und Kenntnis der vor Ort bestehenden Verhältnisse geprägte Entschluss, an einem bestimmten See Wassersport zu betreiben oder gar zu campen.

Auf die Frage nach den Gruppenkonstellationen der Besucher stellte sich heraus, dass über drei Viertel aller Befragten (Badegäste: 78,2%; Wassersportler: 76,5% und Camper: 86,2%) nicht allein an den See gekommen waren, wobei als Begleitpersonen Partner (Badegäste: 31,9%; Wassersportler: 41,2% und Camper: 65,5%) oder Freunde (Badegäste: 42,8%; Wassersportler: 37,2% und Camper: 17,1%) noch vor Eltern (4,2%; 7,8% resp. 3,4%), Kindern (17,0%; 27,5% resp. 34,5%) und Geschwistern (3,2%; 9,9% resp. 0,0%) genannt wurden. Eine gewisse Sonderstellung nehmen hier die Camper ein, bei denen das Zusammensein mit der Familie (Partner, Kinder) „höher im Kurs zu stehen scheint" als bei den anderen Gruppen, die häufiger mit Freunden den Waldsee besuchten. Dieses Ergebnis ist nicht weiter verwunderlich, da das Campen nach wie vor eine eher auf die Familie bezogene Aktivität darstellt als etwa das Baden oder die Ausübung bestimmter Wassersportarten. Darüber hinaus zeigt auch der auf die Badegäste beschränkte Vergleich mit den Verhältnissen am Schultheisweiher, dass die durch obige Zahlen beschriebene Situation am Langener Waldsee keinen Einzelfall darstellt: Am Schultheisweiher kamen 68,5% der Badegäste in Begleitung an den See (24,7% mit Ehepartner, 49,5% mit Freunden, 0,5% mit Eltern, 18,1% mit Kindern und 4,4% mit Geschwistern); 30,1% der befragten Besucher hielten sich allein dort auf. Damit erreichen die auf die einzelnen Antwortmöglichkeiten entfallenden Nennungen Werte, die sich mit den entsprechenden Prozentanteilen am Langener Waldsee größenordnungsmäßig durchaus vergleichen lassen.

Bezogen auf die zeitlichen Nutzungsmuster im einzelnen kann zwischen der Dauer des Aufenthalts (Wie lange bleiben Sie hier?), der zeitlichen Verteilung (An welchen Tagen kommen Sie hauptsächlich hierher? Kommen Sie auch während des Urlaubs/der Schulferien? etc.) und der Häufigkeit (Wie oft kommen Sie bei Bade-/Nichtbadewetter? Wie oft kommen Sie während der Ferien? u.ä.) unterschieden werden. Außerdem muss auf die Frage: „Wie lange bleiben Sie normalerweise hier?" bei der am Langener Waldsee durchgeführten Befragung zwischen den Badegästen und Wassersportlern auf der einen sowie den Campern auf der anderen Seite differenziert werden, da die Aufenthaltsdauern dieser Gruppen in aller Regel so weit „auseinanderklaffen", dass eine direkte Vergleichbarkeit nicht mehr gegeben ist. Dabei ist zu erwarten, dass sich die Aufenthaltsdauern der Badegäste und Wassersportler in Stunden bis zu einem halben oder maximal ganzen Tag bemessen lassen, während die Camper längere Aufenthalte von einigen Tagen oder gar Wochen aufzuweisen haben. Diese Einschätzung wird durch die Verhältnisse am Langener Waldsee, so wie sie sich als Ergebnis dieser Untersuchung darstellen, weitgehend bestätigt.

Bei den Campern fällt zunächst die deutliche Polarisierung der Nennungen ins Auge: 34,5% dieser Personengruppe hält sich normalerweise ein bis zwei Tage am Langener Waldsee auf, wobei es sich überwiegend um Wochenendcamper handeln dürfte, die zwar - was ihre Aufenthaltsdauer betrifft - nur relativ kurze Zeit am See zubringen, dafür aber sehr viel häufiger als die übrigen Befragten hierher kommen. In diesem Zusammenhang muss berücksichtigt werden, dass unter den vorgegebenen Antwortmöglichkeiten die Kategorie „ein bis zwei Tage" die unterste Grenze der anzukreuzenden Zeitdauer darstellt; so dass die Vermutung, in dieser Rubrik könnten sich auch noch wesentlich kürzere Aufenthalte (etwa in der Größenordnung mehrerer Stunden, eines halben Tages etc.) verstecken, nicht von der Hand zu weisen ist. Am anderen Ende der Skala bekannten sich 27,6% der Camper zu einem mehr als vierwöchigen Aufenthalt und immerhin noch 13,8% der Befragten gaben an, mindestens zwei bis vier Wochen am Langener Waldsee zu bleiben. In diesen Fällen ist davon auszugehen, dass die Befragten ihre gesamten oder zumindest einen großen Teil ihrer Ferien am Waldsee verbringen. Eine „Mittlere" Aufenthaltsdauern bis zu einer oder zwischen ein und zwei Wochen, wie sie etwa für einen Kurzurlaub charakteristisch sind, wurde dagegen von 20,7% bzw. 3,4% der Befragten genannt.

Eine solche Polarisierung ist bei den Badegästen und Wassersportlern nicht zu beobachten. Beide Personengruppen neigen - hier allerdings nicht in Tagen und Wochen, sondern in Stunden gemessen - zu längeren Aufenthalten, wobei Zeiten zwischen drei und fünf Stunden, die von 39,8% der Badegäste und 29,4% der Wassersportler genannt wurden, oder gar über fünf Stunden (26,3% der Badegäste und 51,0% der Wassersportler) weniger die Ausnahme denn die Regel darstellen. Eine mögliche Ursache für diese doch recht beträchtlichen Zeitspannen kann zumindest bei den Wassersportlern in dem Aufwand, der für die Bereitstellung des entsprechenden Sportgeräts (Segelboote, Surfbretter) erforderlich ist, liegen, wobei sich die zur Ausübung der jeweiligen Sportart notwendige Vor- und Nachbereitungszeit nicht nur in einem „additiven Sinne", sondern auch im Hinblick auf ein vernünftiges „Zeit-Nutzen-Verhältnis" verlängernd auf den Aufenthalt am See auszuwirken vermag. 22,3% der Badegäste und 13,7% der Wassersportler verbrachten zwischen zwei und drei Stunden am See, während die Nennungen „ein bis zwei Stunden" (4,8% der Badegäste und 5,9% der Wassersportler) und „unter einer Stunde" (0,8% der Badegäste) nur noch von wenigen Befragten angegeben wurden.

Da die bei den Wassersportlern angeführten Argumente zur Begründung der Aufenthaltsdauer am See bei den Badegästen wohl kaum in Betracht kommen dürften, müssen hier andere Einflussfaktoren angenommen werden. Dabei kann der Vergleich mit den Aufenthaltsdauern der Badegäste am Schultheisweiher einen möglichen Erklärungsansatz liefern. Am Schultheisweiher bildeten die Aufenthaltsdauern ein völlig anderes Spektrum: Der Anteil derjenigen, die länger als fünf Stunden blieben, lag bei lediglich 13,2%; 25,6% gaben eine Aufenthaltsdauer von drei bis fünf Stunden an und 26,5% verbrachten zwischen zwei und drei Stunden am See. 22,8% nannten einen Zeitraum von ein bis zwei Stunden und 8,7% absolvierten „Kurzbesuche" von unter einer Stunde. Die aus diesen Werten abzuleitende „relative" Konzentration auf kürzere Aufenthalte wird am Schultheisweiher wie folgt erklärt: „Die Bereitschaft, einen halben Tag oder länger am Schultheisweiher zu verweilen, wird also nur von einem kleineren Teil der Besucher aufgebracht. Dies ist sicher mit der eher erholungs- denn aktivitätsorientierten Ausgestaltung des Badesees im Naturschutzgebiet zu erklären. Bewusst wurde hier auf aufwendige Freizeitinfrastruktur für unterschiedlichste Betätigungen am Wasser verzichtet. Die strenge Badeordnung grenzt das Spektrum der Aktivitäten im Wasser auf das bloße Schwimmen und Baden ein. Bereits das Benutzen von Luftmatratzen ist verboten. Desweiteren stellt sich bei einem längeren Aufenthalt das Problem der

Versorgung, da es in einem Umkreis von 500m um den Badesee keine Verpflegungsmöglichkeiten, wie einen Kiosk etc., gibt." (WOLF et al. 1997, 42f.).

Diese Situation stellt sich am Langener Waldsee völlig anders dar. Sport- und Spielmöglichkeiten animieren zu einer Vielzahl verschiedener Aktivitäten, die auch unabhängig vom Schwimmen und Baden keine Langeweile aufkommen lassen. Ein Kiosk mit einem Angebot an Speisen und Getränken, sanitäre Anlagen wie Duschen und Toiletten erleichtern die Versorgung mit dem Nötigsten und tragen so auf ihre Weise zu einem angenehmen Aufenthalt der Besucher am See bei. Für die Wassersportler gilt entsprechendes, zumal sich hier durch den Zusammenschluss der Wassersportvereine und der Existenz des Vereinsgeländes mit den zugehörigen Anlagen (Vereinsheim etc.) zusätzliche Aktions- und Kontaktmöglichkeiten - etwa in Form von Sommerfesten und Sportveranstaltungen, gemeinsamen Aktionen, den Arbeiten an den Booten u.ä. - bieten. All dies ist im Gegensatz zu der weitgehend naturbelassenen Umgebung am Schultheisweiher geeignet, den Aufenthalt der Besucher am See abwechslungsreicher, kurzweiliger und damit möglicherweise auch länger zu gestalten.

Die Annahme, dass sich die Aufenthaltsdauer der Badegäste am Langener Waldsee mit den verschiedenen sozio-demographischen/-ökonomischen bzw. sonstigen Aufenthaltsmerkmalen in Verbindung bringen lässt, kann anhand der vorliegenden Daten nicht mit Sicherheit bestätigt werden (vgl. hierzu Tabellen im Anhang!). Die durchgeführten Korrelationen liefern weder im Hinblick auf Geschlecht und Alter, noch bezogen auf den Familienstand oder das Einkommen irgendwelche Anhaltspunkte für einen - statistisch relevanten - Zusammenhang. Auch über die Frage, ob mit zunehmender Haushaltsgröße die Neigung der Badegäste, länger am Waldsee zu verweilen, zunimmt, lässt sich lange und wahrscheinlich vergeblich spekulieren; der diesbezügliche prozentuale „Vorsprung" der Mehrpersonenhaushalte ist wie bei allen bisher genannten „Kombinationsmöglichkeiten" zu gering, um eine fundierte Aussage machen zu können.

Lediglich in bezug auf den Einfluss der Besuchshäufigkeit (Erstbesucher: ja/nein), der Gruppengröße sowie der benutzten Verkehrsmittel gibt es Anzeichen für einen möglichen Zusammenhang: Diejenigen Badegäste, die den Langener Waldsee von früheren Besuchen her kannten, tendierten zu längeren Aufenthalten als solche, die sich zum ersten Mal am See eingefunden hatten (Aufenthaltszeit über drei Stunden: 70,2% (Wiederholer) versus 54,2% (Erstbesucher)). Gleiches trifft für alle die Besucher zu, die sich in Begleitung ein oder mehrerer Personen befanden (Aufenthaltszeit über drei Stunden: 71,7% (in Begleitung) versus 49,3% (allein)). Es ist kaum anzunehmen, dass diese Zahlen allein mit Hilfe des Faktors „Zufall" erklärt werden können; so deuten wiederholte Besuche auf eine engere Bindung an den Waldsee (und möglicherweise eine gewisse Zufriedenheit mit den dort anzutreffenden Verhältnissen!) hin, welche sich wiederum in längeren Aufenthaltsdauern widerspiegelt. Entsprechendes gilt für den Zusammenhang „Aufenthaltsdauer - Verkehrsmittel der Anreise", wo vor allem die ÖPNV-Benutzer zu recht langen

Aufenthaltszeiten neigten (Aufenthaltsdauer über drei Stunden: 50,6% (zu Fuß/Rad); 92,9% (ÖPNV); 69,4% (PKW/Motorrad)). Trotz der geringen Zahl der ÖPNV-Benutzer insgesamt (14!) kann davon ausgegangen werden, dass bei dieser Besuchergruppe die Tendenz zu ausgedehnten Aufenthalten am See weniger auf den Zufall denn auf das Bedürfnis zurückgeführt werden kann, eine möglicherweise etwas längere und unbequemere Anreise mit öffentlichen Verkehrsmitteln durch einen entsprechend langen Verbleib am See zu kompensieren („Wenn ich schon diese Mühe auf mich nehme, dann soll es sich auch lohnen!").

Die Tatsache, dass die Mehrheit der Badegäste (69,1%), die den Langener Waldsee positiv bewerteten (Nennungen: sehr gut/ gut), sich dort auch recht lange aufhielten, kann wohl ohne größere Schwierigkeiten nachvollzogen werden. Ganz im Gegensatz dazu geben die diesbezüglichen Angaben der weniger zufriedenen Besucher (Nennungen: teils/teils/ bzw. schlecht/sehr schlecht) zu einer gewissen „Verblüffung" Anlass. Trotz ihrer eher skeptischen Einstellung verweilten auch solche Badegäste zu 52,4% bzw. 42,9% länger als drei Stunden am See. Als Erklärung für dieses recht erstaunliche Phänomen bieten sich u.a. statistische Besonderheiten an. Lediglich 7 unzufriedene Besucher konnten in die Auswertung mit einbezogen werden, so dass der „hohe" Anteil von 42,9% auf nur drei Befragte zurückgeführt bzw. -gerechnet werden muss.

Im Hinblick auf die Aufenthaltszeiten der Besucher am Waldsee wurde im Rahmen der durchgeführten Untersuchung nach den verschiedenen Wochentagen sowie den Besuchen während der Urlaubszeit bzw. der Schulferien gefragt. Dabei stellte sich, wie wohl auch nicht anders zu erwarten war, heraus, dass im Hinblick auf die Verteilung im Wochenverlauf das Wochenende (Samstag/Sonntag) mit einem Anteil von 61,9% der Badegäste und 88,2% der Wassersportler zu den bevorzugten Aufenthaltszeiten zählte. Der Freitag erreichte bei den Badegästen einen Prozentwert von 38,4%, bei den Wassersportlern von 64,7%, während die übrigen Wochentage (Montag bis Donnerstag) von 44,9% und 45,1% der befragten Badegäste bzw. Wassersportler genannt wurden. Ein Vergleich mit den Verhältnissen am Schultheisweiher ist leider wenig „ergiebig", da sich aufgrund anderer Antwortkategorien (Am Schultheisweiher wurde jeder einzelne Wochentag abgefragt!) und abweichender Berechnungsmodalitäten hier ganz andere Prozentanteile ergaben. Trotz dieser Einschränkung lassen die erhobenen Daten den Schluss zu, dass die Konzentration auf das Wochenende am Langener Waldsee deutlicher als am Schultheisweiher ausgeprägt ist, ein Ergebnis, dass vor dem Hintergrund der „langen" Aufenthaltsdauern am Waldsee nicht weiter überrascht.

Auf die Frage nach dem Aufenthalt während des Urlaubs bzw. der Schulferien gaben erfreulich viele Besucher des Langener Waldsees an, auch zu diesen Zeiten an den See zu kommen. Bei den Wassersportlern erklärten sich „stolze" 90,2% der Befragten hierzu bereit; bei den Badegästen waren es immerhin noch 51,7%, wobei im letzteren Falle die große Zahl der - möglicherweise unentschlossenen?! - Antwortverweigerer (24,3%) berücksichtigt werden muss. Lediglich 24,0% der Badegäste und 9,8% der Wassersportler äußerten sich ablehnend. Die im Hinblick auf ihre Größenordnung doch recht auffällige Differenz zwischen den Anteilen der Wassersportler bzw. Badegäste mag u.a. darauf zurückzuführen sein, dass die jeweiligen Aktivitäten dieser beiden Gruppen - das Schwimmen und Baden auf der einen und das Segeln und Surfen auf der anderen Seite - einen in sehr unterschiedlichem Maße „urlaubsbezogenen" Charakter haben. Bei den Badegästen kann vor allem an heißen Sommertagen der „Sprung in's kühle Nass" das Resultat eines spontanen Einfalls sein, der dann vielleicht nach der Arbeit am Nachmittag oder Abend auch ohne längere Vorbereitung („Ich gehe 'mal eben eine Runde schwimmen!") realisiert wird, wohingegen eine entsprechende Äußerung seitens der Wassersportler („Ich gehe 'mal eben zum Segeln!") entschieden ungewöhnlicher anmutet. Diese Überlegung, dass sich nämlich die Ausübung wassersportlicher Aktivitäten wie Segeln und Surfen infolge des hierzu erforderlichen Zeitaufwandes auch und gerade auf die Wochenenden bzw. die Urlaubszeit konzentriert, wird durch die Aufenthaltsdauern der genannten Personengruppen (Die Wassersportler blieben länger am See als die Badegäste (siehe oben!)), aber auch durch die Häufigkeit des Aufenthalts während der Urlaubszeit bestätigt:

So erreichten die Wassersportler gerade in den Zeiten „Urlaub/Schulferien" recht beeindruckende Aufenthaltshäufigkeiten: 19,6% und 21,6% kamen 3 Mal bzw. 4 Mal pro Woche oder gar noch öfter, also fast täglich, an den See (13,7%), während eine durchschnittliche Besuchszahl von 1 Mal oder 2 Mal pro Woche von nur mehr 7,8% und 13,7% der befragten Wassersportler angegeben wurde. Im Vergleich dazu zeichnet sich bei den Badegästen ein - tendenziell betrachtet - umgekehrtes Bild ab. Zwar gaben 15,0% der Badegäste an, fast täglich zum Baden zu kommen, aber die Antwortkategorien „3 Mal bzw. 4 Mal pro Woche" wurde von lediglich 11,0% und 3,1% der Badegäste genannt. Die Antworten „1 Mal pro Woche" bzw. „2 Mal pro Woche" „tauchten" hingegen wieder etwas häufiger auf. 11,3% resp. 8,2% der Badegäste ordneten sich diesen Kategorien zu.

Die unabhängig von den Ferienzeiten angegebene Besuchshäufigkeit der Badegäste und Wassersportler ist im einzelnen den Tabellen im Anhang zu entnehmen. Um den gerade bei Outdoor-Aktivitäten so entscheidenden Einfluss der Wetterbedingungen berücksichtigen zu können, wurde bei dieser Frage zwischen Bade- bzw. Nichtbadewetter differenziert - in dem Bewusstsein, dass eine solche Unterscheidung alles andere als eindeutig, da in einem hohen Maße von der subjektiven Einschätzung des jeweiligen Befragten abhängig ist. Als weiteres und sehr grundsätzliches Problem einer solchen Fragestellung kommt hinzu, „dass hier von den Nutzern sehr häufig die von ihnen gewünschte, aber in der Realität nicht unbedingt verwirklichte Regelmäßigkeit einer Freizeitaktivität genannt wird." (WOLF et al. 1997, 45). Diesen Bedingungen muss bei der Interpretation der Daten Rechnung getragen werden.

An dieser Stelle kann nur auf einige grundsätzliche Besonderheiten näher eingegangen werden, wobei die Angaben der Badegäste (trotz z.T. unterschiedlicher

Antwortkategorien) den entsprechenden Werten, die am Schultheisweiher erhoben wurden, gegenübergestellt werden sollen. Zunächst lassen die am Langener Waldsee erhobenen Daten den Schluss zu, dass die Wassersportler die weitaus regelmäßigeren Besucher sind. Selbst bei Badewetter erreichten sie in den Kategorien „täglich", „mehrmals pro Woche", „1 Mal pro Woche" und „mehrmals pro Monat" im Vergleich zu den Badegästen höhere - und z.T. deutlich höhere! - Prozentanteile: 15,7% der Wassersportler kamen täglich an den See hinaus; bei den Badegästen waren es nur 13,3%. Für die übrigen Kategorien lauten die Zahlen wie folgt: „Mehrmals pro Woche": 49,0% (Wassersportler) versus 20,9% (Badegäste); „1 Mal pro Woche": 11,8% versus 9,9% und „mehrmals pro Monat": 13,7% versus 9,9%. Aus leicht verständlichen Gründen kann dieser „Vorsprung" seitens der Wassersportler bei Nichtbadewetter weiter ausgebaut werden: 7,8% (Badegäste: 2,3%) gaben an, täglich am Langener Waldsee zu sein, 23,6% der Wassersportler gegenüber 2,9% der Badegäste kamen mehrmals pro Woche und 17,6% bzw. 13,7% (Badegäste: 2,8% bzw. 1,1%) nannten auch bei Nichtbadewetter eine Besuchshäufigkeit von mindestens „1 Mal pro Woche" oder „mehrmals pro Monat". Wie sich schon aus rechnerischen Gründen leicht nachvollziehen lässt, kehrt sich dieses Bild am anderen Ende der Skala um: Gemessen an den Wassersportlern waren die Badegäste, die bei Badewetter lediglich „1 Mal im Monat", „mehrmals im Jahr" oder noch seltener den Waldsee besuchten, deutlich häufiger vertreten. Für diese Kategorien lagen die Anteile der Badegäste bei 4,8%, 15,8% und 6,2% (Wassersportler zum Vergleich: 2,0%, 0,0% und 2,0%). Bei Nichtbadewetter setzte sich hingegen die Dominanz der Wassersportler („1 Mal pro Monat": 5,9% versus 2,5%; „mehrmals pro Jahr": 5,9% versus 5,6%) bis in die Rubrik „1 Mal pro Jahr" fort; hier standen schließlich 3,7% der Badegäste den „nicht mehr vorhandenen" Wassersportlern gegenüber.

Obwohl diese im Rahmen der Befragung ermittelten Daten hier nur in sehr geraffter Form dargestellt werden konnten, können aus den gerade eben beschriebenen Verhältnissen einige interessante Schlussfolgerungen gezogen werden: Die Tatsache, dass der Langener Waldsee von den Wassersportlern nicht nur länger (siehe oben!), sondern auch häufiger und regelmäßiger aufgesucht wird, deutet auf eine besonders „stabile" Bindung an den See hin. Diese Bindung dürfte das Ergebnis der am und auf dem Wasser betriebenen Aktivitäten sein, die sich nicht nur auf das Schwimmen und Baden an schönen Sommertagen beschränken, sondern so geartet sind, dass sie auch in „Schlechtwetterphasen" einen Aufenthalt am See rechtfertigen. Es kommt hinzu, dass zur Ausübung der jeweiligen Sportart das hierzu erforderliche Sportgerät bereitgestellt werden muss, welches zwar *„von 50% der Sportler mitgebracht wird"*, z.T. aber auch am See verbleibt, wofür *„an die Stadt Langen eine Jahreslizenz in Höhe von 100,-DM (Liegeplatz für ein Boot) bzw. 25,-DM (Stellplatz für ein Surfbrett) entrichtet werden muss"*. Hieraus ergibt sich ein - wenn man es denn so „negativ" bezeichnen will - Flexibilitätsverlust, der durch die Vereinsmitgliedschaft und den hieraus entstehenden Verpflichtungen, aber auch durch die in diesem Umfeld vorhandenen Einrichtungen und Angebote (Vereinsheim, Surfschule) noch verstärkt wird.

Im Gegensatz zu den Wassersportlern genießen die Badegäste einen etwas höheren Freiheitsgrad. In ihrem Falle sind für die Bindung an den Langener Waldsee, die sich eben auch in der Regelmäßigkeit des Besuches widerspiegelt, weniger einzelne „Zwänge" wie die bei den Wassersportlern genannten (Boot am See, Mitglied im Verein etc.) ausschlaggebend. Abgesehen von den Wetterverhältnissen, die bei einer am Badebetrieb im Freien orientierten Freizeiteinrichtung sicher eine entscheidende Rolle spielen dürften, sind hier Bekanntheitsgrad des Sees und die unter verschiedenen Gesichtspunkten (Attraktivität des „Rahmenangebots", Nähe bzw. Zugänglichkeit etc.) zu beurteilenden Konkurrenzangebote (siehe unten!) von Bedeutung. Dies gilt auch - und gerade auch - im Hinblick auf die oft spontan gefällte Entscheidung, zum Baden an einen bestimmten See zu gehen. Dabei vermag der bei den Badegästen mögliche Vergleich mit den Ergebnissen der Befragung am Schultheisweiher zusätzliche Erkenntnisse - z.B. was den Stellenwert des Stammpublikums betrifft - zu liefern. In diesem Zusammenhang heißt es für den Schultheisweiher wie folgt: „Bei der Besuchshäufigkeit bei Badewetter geben 50% der Badegäste an, mindestens einmal in der Woche am Schultheisweiher zu sein (Langener Waldsee zum Vergleich: 44,1%). 7,8% der Befragten sind täglich bei Badewetter am See (Langener Waldsee: 13,3%) und 29,7% (Langener Waldsee: 20,9%) kommen bei diesem Wetter mehrmals in der Woche. (...) Allerdings geben auch hier wieder fast ein Viertel der Befragten an, nur einmal im Monat oder seltener den Schultheisweiher zu besuchen (Langener Waldsee: 26,8%). (...) Die Hälfte der Besucher können als regelmäßige Stammgäste eingestuft werden." (WOLF et al. 1997, 45).

Wenngleich dieser Anteil auf der Basis derjenigen Besucher, die mindestens einmal in der Woche zum Baden kommen, am Langener Waldsee mit 44,1% um rund fünf Prozent geringer als am Schultheisweiher (49,8%) ausfällt, so kann doch beiden Seen eine besondere Bedeutung des Stammpublikums attestiert werden, eine Einschätzung, die für den Waldsee auch von dem Langener Schwimmmeister, Herr Appel, mit den Worten *„Hierher kommen vorwiegend Stammgäste, meistens Familien mit kleinen Kindern!"* geteilt wird. Diese Sichtweise wird durch die Betrachtung der Verhältnisse bei Nichtbadewetter bestätigt. Für den Schultheisweiher heißt es da: „Dieses Ergebnis unterstützen die Antworten auf die Frage nach der Besuchshäufigkeit bei Nichtbadewetter. Wie bei einer auf Schwimmen und Sonnenbaden ausgerichteten Freizeiteinrichtung zu erwarten ist, ist das Interesse, diese auch bei Nichtbadewetter zu besuchen, relativ gering. Nur 39,3% der Befragten gaben an, den Weiher auch bei nicht zum Baden geeigneten Wetter zu besuchen Bezüglich der Häufigkeit stehen sich hier 19,6% der Befragten, die den Weiher mindestens einmal in 14 Tagen bei schlechtem Wetter besuchen, einer ebenso großen Gruppe von Badegästen gegenüber, die den See bei schlechtem Wetter nur einmal im Monat oder seltener besuchen." (WOLF et al. 1997, 46). Da sich am

Langener Waldsee eine größere Zahl von Badegäste jeder diesbezüglichen Äußerung enthielt (16,4% der Befragten machten keine Angaben!) sei hier zum Vergleich nur der Anteil derjenigen angegeben, die am Langener Waldsee behaupteten, bei Nichtbadewetter keinesfalls („gar nicht") an den See zu kommen: Der entsprechende Prozentwert in Höhe von 62,7% korrespondiert erstaunlich gut mit den 39,3% der Befragten am Schultheisweiher, die sich auch bei schlechtem Wetter dort aufhielten.

Die aus diesen Gegebenheiten zu ziehende Schlussfolgerung wird - zumindest für den Schultheisweiher - folgendermaßen formuliert: „Dies ist für Badegäste ein erstaunliches Ergebnis, zeigt es doch die hohe Bindung der Erholungssuchenden an das Naturschutzgebiet Schultheisweiher. Dieses wird von einem deutlichen Teil der Badegäste nicht ausschließlich als Ziel von bade- und sonnenbadeorientierter Freizeitgestaltung genutzt. Hier zeigt sich ein Erfolg der Verknüpfung des Freizeitareals mit einem Naturschutzgebiet. Der Freizeitbereich wird so weniger monofunktional wahrgenommen und auch genutzt." (WOLF et al. 1997, 46). Wenngleich sich dieses Resümee auf den Langener Waldsee nur mit einigen „quantitativen" Abstrichen übertragen lässt, kann doch grundsätzlich von vergleichbaren Verhältnissen ausgegangen werden. Auch am Langener Waldsee spielen Stammgäste, die selbst bei ungünstigeren Wetterbedingungen den See regelmäßig aufsuchen, eine große Rolle. Diese Rolle gilt es - nicht zuletzt im Hinblick auf die gleichmäßige Auslastung einer solchen Freizeiteinrichtung - weiter zu fördern und auszubauen, zumal so zugunsten einer größeren Nutzungsvielfalt die Nachteile allzu einseitiger Strukturen wenn schon nicht vermieden, so doch gemindert werden können.

Die Korrelation der Aufenthaltshäufigkeit der Badegäste mit den inzwischen bekannten Merkmalen führt zu den erwarteten und insgesamt gesehen wenig spektakulären Ergebnissen. Es zeigt sich, dass bei den älteren Badegästen die Neigung besteht, den Langener Waldsee etwas regelmäßiger aufzusuchen als die jüngeren Besucher. 65,3% der älteren Jahrgänge (über 50 Jahre) kamen bei Badewetter täglich oder mindestens mehrmals pro Woche an den Waldsee, während die jüngeren hier nur Anteile in Höhe von 37,4% (bis 30 Jahre) bzw. 43,4% (30 bis 50 Jahre) für sich verbuchen konnten. Diese Tendenz besteht - wenngleich mit sehr viel geringeren Prozentanteilen - auch bei ungünstigen Witterungsverhältnissen fort. Als Erklärung für dieses Phänomen können sowohl gesundheitliche Gründe, möglicherweise aber auch eine auf größere Regelmäßigkeit ausgerichtete Lebensweise älterer Menschen („Gehe regelmäßig schwimmen!") angeführt werden.

Eine in der Tendenz vergleichbare Aussage lässt sich im Hinblick auf die Beziehungen zwischen Aufenthaltshäufigkeit auf der einen sowie Einkommen, Gruppenkonstellation, Erstbesuch, Aufenthaltsdauer und allgemeiner Bewertung des Waldsees auf der anderen Seite machen. In all diesen Fällen deuten die im Rahmen der Korrelation ermittelten Prozentanteile auf gewisse Zusammenhänge zwischen den untersuchten Merkmalen hin - allerdings ohne dass die vermuteten

Abhängigkeiten auch statistisch signifikant nachgewiesen werden könnten. So neigen etwa Badegäste mit einem höheren Einkommen, solche, die den Waldsee von früheren Aufenthalten bereits kennen, und die so bezeichneten „Alleinbesucher" zu häufigeren Besuchen am Waldsee - und dies unabhängig von den jeweils vorherrschenden Wetterbedingungen. Auf die Kategorie „täglich/mehrmals pro Woche" entfielen in der Einkommensklasse „über 5000,-DM 50,0% aller Nennungen (zum Vergleich: 32,8% (bis 2500,-DM) und 38,3% (2500,- bis 5000,-DM)), bei denjenigen Badegästen, die mit den Verhältnissen am Waldsee vertraut waren, erreichte der entsprechende Prozentanteil einen Wert von 54,2% (zum Vergleich: 6,9% (Erstbesucher)); von den „Alleinbesuchern" kamen 58,9% (zum Vergleich: 40,8% (in Begleitung)) mindestens einmal pro Woche oder noch häufiger an den See. Diese Angaben beziehen sich auf die Verhältnisse bei Badewetter, bei schlechtem Wetter werden grundsätzlich sehr viel geringere Prozentwerte erreicht, ohne dass sich die Situation als solche ändert. Die genauen Zahlen sind den Tabellen im Anhang zu entnehmen.

In bezug auf den Zusammenhang zwischen Aufenthaltshäufigkeit und Aufenthaltsdauer lässt sich eine gewisse Polarisierung des Verhaltens feststellen. Sowohl besonders kurze (bis zu einer Stunde) als auch recht lange Aufenthalte am See (über drei Stunden) scheinen - vor allem bei schönem Wetter - mit einer relativen Regelmäßigkeit des Besuchs einherzugehen. Allerdings muss dieses „Ergebnis" angesichts des Stichprobenumfangs mit mehr als nur einigen Vorbehalten betrachtet werden: Von den drei(!) Badegästen, die angaben, nicht länger als eine Stunde am See zu bleiben, kamen genau zwei, also 66,7%(!), mindestens einmal pro Woche zum Baden; bei denjenigen, die über drei Stunden „ausharrten", waren es von insgesamt 234 Nennungen 52,1% (zum Vergleich: 39,2% (1 bis 3 Stunden)). Diese (Prozent-)Werte werden hier angeführt, um noch einmal und in aller Deutlichkeit auf die Gefahr von Fehlinterpretationen, zu denen die isolierte Betrachtung der Prozentanteile ohne ausreichende Berücksichtigung der Gesamtzahl der Nennungen verleiten kann, aufmerksam zu machen.

Einigermaßen aussagekräftig sind hingegen die Ergebnisse des Versuchs, die allgemeine Bewertung der Verhältnisse am Langener Waldsee mit der Aufenthaltsregelmäßigkeit in Verbindung zu bringen. Hierbei stellte sich heraus, dass diejenigen Besucher, die sich positiv zum Langener Waldsee äußerten, auch häufiger an den See kamen als solche Besucher, die mit der Situation dort weniger oder gar nicht zufrieden waren. Bei Badewetter kamen 49,3% der „Zufriedenen" mindestens einmal pro Woche an den See; jedoch nur 19,0% der „Teils/teils-Zufriedenen" und 0,0% der „Unzufriedenen", ein Resultat, das auch ohne weitere Erklärung einleuchten wird. Es muss allerdings hinzugefügt werden, dass dieses - hier nur in groben Zügen skizzierte - Verhaltensmuster bei ungünstigen Wetterbedingungen weitaus weniger deutlich ausgeprägt ist. Alle übrigen Korrelationen, wie etwa der Zusammenhang der Aufenthaltshäufigkeit mit Haushaltsgröße, Familienstand, Geschlecht etc., ergeben ein völlig uneinheitliches Bild, so dass auf eine - auch noch so vorsichtige - Interpretation besser verzichtet werden sollte. Nichtsdestotrotz sind die entsprechenden Daten (und sei es zum Zwecke des Vergleichs!) als Tabellen dem Anhang beigefügt.

2.3.2 Unterschiedliche Nutzungszonen

Die direkt auf den See (also wasser-)bezogene Freizeitnutzung des Langener Waldsees konzentriert sich - von der Wasserfläche selbst einmal abgesehen - auf das am nordöstlichen Ufer positionierte Strandbad (einschließlich FKK-Bereich und Zeltplatz) sowie das am Nordwestrand des Sees zur B44 hin gelegene Vereinsgelände der dortigen Wassersportvereine. Unabhängig davon findet eine bestimmte Freizeit- (sprich: Bade-)Nutzung aber auch am Ostteil des Sees (z.B. in Form von „Wildbadern") statt, zu der sich andere und nicht immer erwünschte Gruppen hinzugesellen. Der Homosexuellenszene zuzurechnende Personen, Angehörige eher niedriger sozialer Schichten, die hier mit Kampfhunden und Waffen ihre Freizeit verbringen, sind in diesem Zusammenhang ebenso zu nennen wie eine Nutzergruppe, auf die erst nach der im Juli 1997 durchgeführten Befragung aufmerksam gemacht wurde: „Nordöstlich des Sees befindet sich ein mit Hügeln und Sandlöchern durchsetztes Gebiet, das an den Wochenenden von Motocross-Fahrern und Mountainbikern genutzt wird. Ein Kenner der Situation schätzt den Einzugsbereich als größer als das Rhein-Main-Gebiet ein und nennt eine (je nach Wetterbedingungen) durchschnittliche Zahl an Wochenendbesuchern von 1 bis 10 bei einem Gesamtpublikum von ca. 200 Personen (ohne Mountainbiker). Die Anlage ist für die Motorradfahrer geradezu ideal, da sie abgeschieden ist und allenfalls illegale Badegäste stört, nicht aber den Badebetrieb des Strandbades. Als Trainingsgelände ist der Langener Waldsee daher in der ganzen Region einzigartig, zumal er das einzige Gebiet in dieser Größenordnung darstellt, das kostenlos zur Verfügung steht. Obwohl die Nutzung dieses Terrains am Langener Waldsee illegal ist, konnte sich deshalb eine „Szene" mit einem angestammten Publikum etablieren, eine Entwicklung, die - so die Aussage des „Informanten" - im Laufe der vergangenen etwa 15 Jahre zu beobachten war und durch die Tatsache, dass die Motorradfahrer im Gegensatz zu den Besuchern des Badesees oder des FKK-Bereichs nicht an andere Seen ausweichen können, da es in der Umgebung keine vergleichbare Anlage gibt, erheblich begünstigt wurde." (Chr. Rohrbach auf der Grundlage einer studentischen Information vom 11. Dezember 1997).

Die Befragung der verschiedenen Besuchergruppen, insbesondere der Badegäste, Wassersportler und Camper, konzentrierte sich jedoch auf die anfänglich genannten Teilbereiche, wobei die Badegäste mehrheitlich innerhalb des Strandbades (also am Ufer und auf der Liegewiese, am Kiosk, bei den Sport- und Spielgeräten sowie im FKK-Bereich) angetroffen wurden. Von den insgesamt 345 befragten Personen wurden 60 im FKK-Bereich erfasst; 18 Personen badeten „wild". Die Befragung der Camper fand auf dem zum Strandbad gehörigen Zeltplatz statt, während sich die Wassersportler überwiegend auf bzw. in der unmittelbaren Umgebung des

Vereinsgeländes am Nordostufer des Sees aufhielten. Die Fußgänger und Radfahrer wurden dagegen auf der Zufahrtsstraße bzw. auf den Wegen unmittelbar rund um den See angesprochen.

Unabhängig von den genauen Standorten der Befragten dürften jedoch vor allem die Wege bzw. Fahrtrouten, die sich die Fußgänger und Radfahrer im Bereich des Langener Waldsees vorgenommen hatten, für die zukünftige Planung von Interesse sein. Eine - notwendigerweise etwas „weitmaschige" - Analyse deutet darauf hin, dass die Fußgänger entweder den See umrundeten (Nennungen: „am See entlang", „rund um den See") bzw. sich den Langener Waldsee von verschiedenen Ausgangspunkten her kommend als Ziel eines mehr oder minder langen Spazierweges ausgesucht hatten (Nennungen: „kürzester Weg zum See und zurück", „Langen - See - Langen" u.ä.). Weitere Befragte gaben an, „einfach quer durch den Wald" unterwegs zu sein, wobei in diesen Fällen davon ausgegangen werden muss, dass das Gebiet am Langener Waldsee eher zufällig erreicht und nicht bewusst als Ziel eines Spazierganges oder Fußmarsches gewählt wurde. Die hier von den Fußgängern angegebenen Möglichkeiten wurden z.T. auch von den Radfahrern genannt. Allerdings kam in dieser Personengruppe eine - bei den Fußgängern aus verständlichen Gründen etwas weniger beliebte - Alternative hinzu: Für die Radfahrer war der Langener Waldsee oft eine von mehreren Stationen auf einer längeren und mitunter über „Dutzende von Kilometern" reichenden Route (vgl. hierzu die Tabellen im Anhang u. Abb. 15), die auch weiter entfernt gelegene Orte wie Eschborn, Sulzbach oder Höchst, Hanau oder Mainz berührte bzw. mit Nennungen wie „entlang der A5" umschrieben wurde. Um eine - wenn auch begrenzte - räumliche Vorstellung der zurückgelegten Wege zu ermöglichen, sind die Routen der Radfahrer in Abbildung 15 kartographisch dargestellt.

Diese Ergebnisse spiegeln sich in den Angaben der Befragten zur Länge der zurückgelegten Wege sowie der Dauer ihrer „Ausflüge" wider. Ein großer Teil der Nennungen beider Gruppen entfiel auf relativ kurze Strecken, wobei die Fußgänger in den Kategorien „unter 5 km" 29,6% und „5 bis 10 km" 40,7% der Stimmen aufzuweisen hatten; bei den Radfahrern legten 16,8% „weniger als 10 km" und 30,3% „10 bis 20 km" zurück. Allerdings konnten auch am anderen Ende der Skala relativ große Prozentanteile verbucht werden: Immerhin 7,4% der Fußgänger „marschierten" „10 bis 20 km" und „stolze" 11,1% sogar „über 20 km". Aus verständlichen Gründen erreichten die Radfahrer noch erheblich längere Strecken: 23,9% radelten „20 bis 40 km", 18,1% „40 bis 60 km" und erstaunliche 4,5% legten Entfernungen von „über 60 km" zurück.

Allerdings korrespondieren diese Werte mit den Angaben zur Dauer der Fußwege bzw. Radtouren nur zum Teil, da der Schluss von kurzen Strecken auf ebenso kurze Zeiten nicht immer gezogen werden kann. Obwohl sowohl bei den Fußgängern als auch bei den Radfahrern schwerpunktmäßig kürzere Strecken gewählt wurden, gaben beide Gruppen auf die Frage „Wie lange werden Sie heute unterwegs sein?" relativ großzügig bemessene Zeiträume an. Über ein Viertel der befragten Fußgänger (25,9%) war zwischen einer halben und einer Stunde unterwegs (Radfahrer: 12,9%), 33,3% der Fußgänger nannten eine Zeit von einer bis zu zwei Stunden (Radfahrer: 28,4%) und 22,2% von über zwei Stunden (Radfahrer: 45,8%). Lediglich 11,1% der Fußgänger und 9,0% der Radfahrer benötigten für ihren „Ausflug" weniger als eine halbe Stunde - dies ein Hinweis darauf, dass die Mehrheit der befragten Fußgänger und Radfahrer bei ihrer Betätigung wohl weniger sportlichen Zwecken huldigten, denn entschlossen waren, es - ganz im Sinne einer etwas lockereren Auffassung von Freizeit - „gemütlich" anzugehen.

Abb. 15: Einzugsbereich und Routen der Radfahrer zum Langener Waldsee

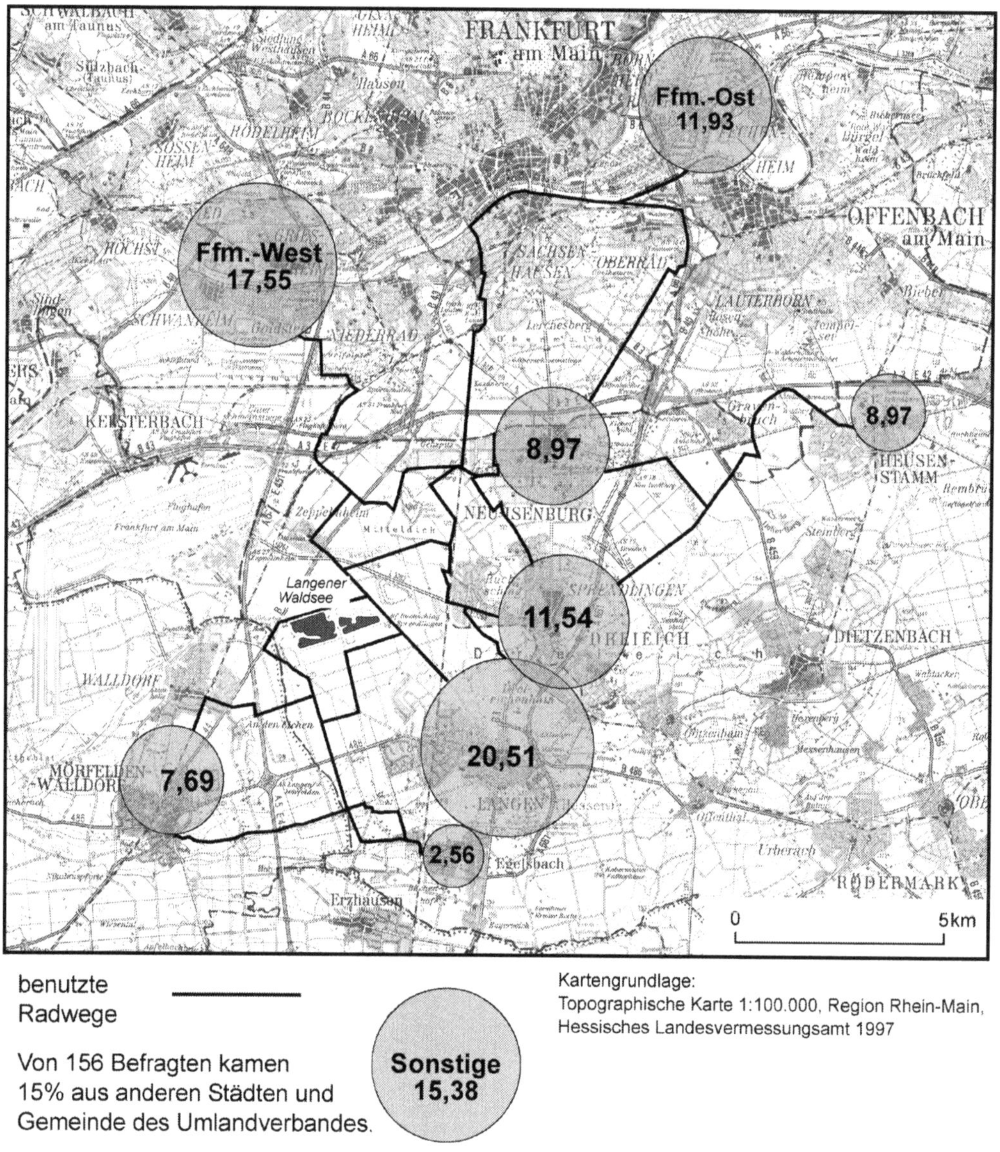

FRANKFURT am Main
Ffm.-Ost 11,93
Ffm.-West 17,55
OFFENBACH am Main
8,97
8,97
HEUSENSTAMM
NEU-ISENBURG
Langener Waldsee
11,54
DIETZENBACH
20,51
7,69
MÖRFELDEN-WALLDORF
2,56
Egelsbach
RÖDERMARK
0
5km
benutzte Radwege
Von 156 Befragten kamen 15% aus anderen Städten und Gemeinde des Umlandverbandes.
Sonstige 15,38
Kartengrundlage:
Topographische Karte 1:100.000, Region Rhein-Main, Hessisches Landesvermessungsamt 1997

Quelle: Eigene Erhebung 1997

Zur Begründung („Warum haben Sie den Weg entlang des Langener Waldsees gewählt?") argumentierten die Fußgänger vor allem mit der Attraktivität des Sees als „Ausflugsziel". 40,7% (Radfahrer: 7,7%) gaben an, hier nur unterwegs zu sein, um an den Waldsee zu kommen („Seebesucher"); weitere 14,8% (Radfahrer: 47,7%) nannten die „schöne Umgebung" als Grund für die von ihnen gewählte Strecke. Addiert man die Prozentwerte für diese beiden - durchaus vergleichbaren! - Erklärungen, so zeigt sich, dass sowohl bei den Fußgängern (55,5%) als auch bei den Radfahrern (55,4%) der Reiz der Landschaft als wichtigstes Argument bei der Entscheidung für eben diese Strecke angesehen werden muss. Der „Bekanntheitsgrad der Wege" war für 25,9% der Fußgänger von Bedeutung, ein Prozentsatz, der von den Radfahrern mit 13,5% aller Nennungen nicht erreicht werden konnte, wofür u.a. die weiter entfernt liegenden Herkunftsorte und die größere Distanz der von den Radfahrern zurückgelegten Strecken ausschlaggebend sein dürfte. Die Tatsache, dass sich 18,1% der Radfahrer nur „zufällig" an den Waldsee „verirrt" hatten (Fußgänger: 7,4%), fügt sich genau in dieses Bild. Die Begründung „kein Verkehr" wurde dagegen nur von 7,4% der Fußgänger und 6,5% der Radfahrer genannt - angesichts des Stellenwerts, der diesem und ähnlichen Argumenten in der öffentlichen Diskussion oft beigemessen wird, ein vielleicht etwas überraschendes Ergebnis.

2.4 Aktivitätenspektrum der Besucher am Langener Waldsee

Wie in den vorangegangenen Kapiteln bereits mehrfach angeklungen ist, wird das Verhalten der Besucher - von der Herkunft („Von wo ...?") und der speziellen Form der Anreise („Wie sind Sie hierher gekommen?") bis hin zu den räumlichen („Wo halten Sie sich auf?") und zeitlichen Nutzungsmustern („Wie oft kommen Sie ...?"; „Wie lange bleiben Sie ...?") - u.a. von den verschiedenen Freizeitaktivitäten, die die befragten Personengruppen am Langener Waldsee ausüben, beeinflusst. Diese Aktivitäten liefern aber nicht nur eine mögliche Erklärung für die hier genannten Aspekte des Besucherverhaltens; sie stellen auch den wohl wichtigsten Grund für den Aufenthalt am See überhaupt dar. Denn die Entscheidung, eine bestimmte Freizeiteinrichtung, hier also einen Badesee, aufzusuchen, wird im wesentlichen durch die Form der Freizeitbeschäftigung motiviert, der man in diesem besonderen Falle nachzugehen wünscht. Daher erscheint es sinnvoll, sich im Rahmen der folgenden Überlegungen den einzelnen am Langener Waldsee ausgeübten Freizeitaktivitäten und -beschäftigungen zuzuwenden, zumal die diesbezüglichen Möglichkeiten in den Augen der Besucher einen entscheidenden Gradmesser für die Bewertung der „Freizeiteinrichtung „Langener Waldsee"" darstellen dürften.

Grundsätzlich „ ... ist die außenorientierte Freizeitgestaltung an Werktagen oder am Wochenende nach BILLON und FLÜCKIGER (1978, 23/24) wie folgt geprägt durch:

    a) Natur- und Landschaftserleben (58%);
    b) wasserorientierte Aktivitäten (33%);

c) Spiel, Sport und Vergnügen (25%);
d) Kultur, Besuche und Besichtigungen (17%).

Daraus wird ersichtlich, dass sich verschiedene Freizeitbeschäftigungen überlagern bzw. überschneiden und demnach die Naherholungssuchenden in der Regel mehreren Freizeitaktivitäten nachgehen." (WOLF/JURCZEK 1986, 85f.).

Ohne die in den folgenden Abschnitten noch zu diskutierenden Ergebnisse vorwegnehmen zu wollen, dürfte aus dem bisher Gesagten schon klar geworden sein, dass der Waldsee im Hinblick auf die in der obigen Aufstellung genannten Punkte einiges zu bieten hat. Unabhängig von den wasserorientierten Aktivitäten, für die ein Badesee ganz zweifellos die besten Voraussetzungen zu bieten hat, lässt sich auch der Wunsch nach einem Natur- und Landschaftserlebnis oder Spiel, Sport und Vergnügen im Freien recht problemlos verwirklichen. Inwieweit die am Langener Waldsee befragten Besucher von den ihnen zur Verfügung stehenden Freizeitangeboten Gebrauch machen, wird das Spektrum der Aktivitäten, welches nun anhand der im Rahmen der Befragung erhobenen Daten in seinen entscheidenden Grundzügen nachgezeichnet werden soll, zeigen. Dabei geht es nicht nur um eine detaillierte Analyse der verschiedenen Tätigkeiten (vgl. Abschn.2.4.1), sondern auch um die Existenz und Nutzung bestimmter Einrichtungen (vgl. Abschnitt.2.4.2), die solche Freizeitaktivitäten und -beschäftigungen wenn nicht erst ermöglichen, so doch erleichtern können.

2.4.1 Aktivitäten der Besucher

Die am Langener Waldsee und seiner unmittelbaren Umgebung vorhandene Freizeit-Infrastruktur wurde im Laufe der Untersuchung im Juli 1997 von den Studenten im Sinne einer Funktionskartierung aufgenommen, wobei besonderes Augenmerk auf die möglichst vollständige Erfassung aller Details gelegt wurde. Im Anschluß wurde das Ergebnis der Geländeaufnahme - siehe hierzu Abbildung 16 - kartographisch dargestellt. Eine genauere Betrachtung dieser Karte, die auch im Hinblick auf die räumliche Lage der einzelnen Einrichtungen von Interesse sein dürfte, zeigt, dass der Waldsee eine Vielzahl unterschiedlicher Freizeitangebote für seine Besucher bereithält. Unabhängig vom Wasser, von Sandstrand und Liegewiese als den natürlichen Ausstattungsfaktoren (die aber nichtsdestotrotz zum besonderen Reiz des Sees und seiner Umgebung beitragen!) gehören hierzu die den jeweiligen Spiel- und sportlichen Aktivitäten zuzuordnenden Einrichtungen: Mehrere Kinderspielplätze, Flächen für Freiland-Gesellschaftsspiele, Basket- und Beach-Volleyball oder Tischtennis sind hier ebenso zu nennen wie die Bootsstege der Wassersportler im Bereich des Vereinsgeländes am Nordwestufer des Sees. Hinzu kommen Badeplattformen, Sitzbänke und Schutzhütten, die Clubhäuser der Vereine, Kiosk und sanitäre Anlagen mit Toiletten, Duschen und Umkleidekabinen, Notrufsäulen etc., die als „ergänzende Einrichtungen" zwar weniger zu Freizeitaktivitäten „animieren", aber auf eine eher indirekte Weise durchaus geeignet sind, den Aufenthalt am Langener Waldsee angenehmer und damit attraktiver zu gestalten.

Ob, und wenn, inwieweit dieses Freizeitangebot von den Besuchern am See angenommen wird, ist u.a. den Antworten auf die Frage „Wie beschäftigen Sie sich hier bei Badewetter/Nichtbadewetter?" zu entnehmen. Angesichts der Tatsache, dass der Charakter von Freizeitaktivitäten an einem Badesee maßgeblich von den herrschenden Wetterbedingungen bestimmt wird, erscheint es mehr als ratsam, eine solche Differenzierung vorzunehmen, obwohl die Unterscheidung zwischen Badewetter und Nichtbadewetter stark vom subjektiven Empfinden eines jeden einzelnen geprägt und damit kaum jemals eindeutig zu treffen ist. Dass in Abhängigkeit von den Wetterverhältnissen eine deutliche Schwerpunktverschiebung im Bereich der ausgeübten Freizeitaktivitäten erfolgt, ist eine Beobachtung, die bereits am Schultheisweiher gemacht werden konnte: „Das Ergebnis der Befragung der Badegäste bestätigt eindrücklich den Einfluss des Wetters auf die am Badesee gewählten Beschäftigungen. Die Beschäftigungen bei Badewetter, bei Nicht-Badewetter und die wetterunabhängigen Beschäftigungen weisen ein deutlich unterschiedliches Spektrum von Aktivitäten auf." (WOLF et al. 1997, 64).

Für den Langener Waldsee ist die genaue Verteilung der Antworten auf die Frage nach der Art der Beschäftigung bei Badewetter der entsprechenden Tabelle im Anhang zu entnehmen. Die dort genannten Zahlen lassen den sicher naheliegenden Schluss zu, dass bei schönem Wetter das Schwimmen und Sonnen unabhängig von der befragten Personengruppe „besonders hoch im Kurs stehen": 91,2% der Badegäste (Sonnen: 77,4%), 86,3% der Wassersportler (Sonnen: 74,5%) und 96,6% der Camper (Sonnen: 72,4%) äußerten sich entsprechend. Mit einigem Abstand zu dieser Spitzengruppe folgen dann Nennungen wie „Ausruhen" (52,5% der Badegäste; 52,9% der Wassersportler; 62,1% der Camper), das „Zusammensein mit der Familie und Freunden" (50,3% der Badegäste; 74,5% der Wassersportler; 65,5% der Camper) sowie „Lesen" (54,2% der Badegäste), „Spielen" (62,1% der Camper) und die „Beobachtung der Natur" (58,8% der Wassersportler). Während sich das „Radfahren" bei den Wassersportlern mit einem Anteil von 52,9% noch relativ großer Beliebtheit erfreute, wurden alle anderen Kategorien mit Anteilen z.T. weit unterhalb der 50 Prozentmarke auf die hintere Rängen verwiesen. Dies gilt insbesondere für das „Spazierengehen" und - zumindest bei Badewetter durchaus verständlich! - für das „Lernen".

Ein Vergleich der Aktivitätsspektren, so wie sie sich - zumindest nach den Befragungsergebnissen zu urteilen - für die verschiedenen Personengruppen als charakteristisch darstellen, zeigt, dass die Wassersportler am Langener Waldsee das bei weitem ausgeglichenste Beschäftigungsprofil aufzuweisen haben. Obwohl auch hier die größte Zahl der Antworten auf das „Schwimmen" entfiel, erreicht der entsprechende Prozentwert mit 86,3% nicht jenes „erdrückende Übergewicht", welches sich bei den Badegästen und Campern in Anteilen von 91,2% oder gar 96,6% ausdrückt. Diese Einschätzung wird durch die Verteilung der Nennungen am an

Abb. 16: Freizeit-Infrastruktur am Langener Waldsee

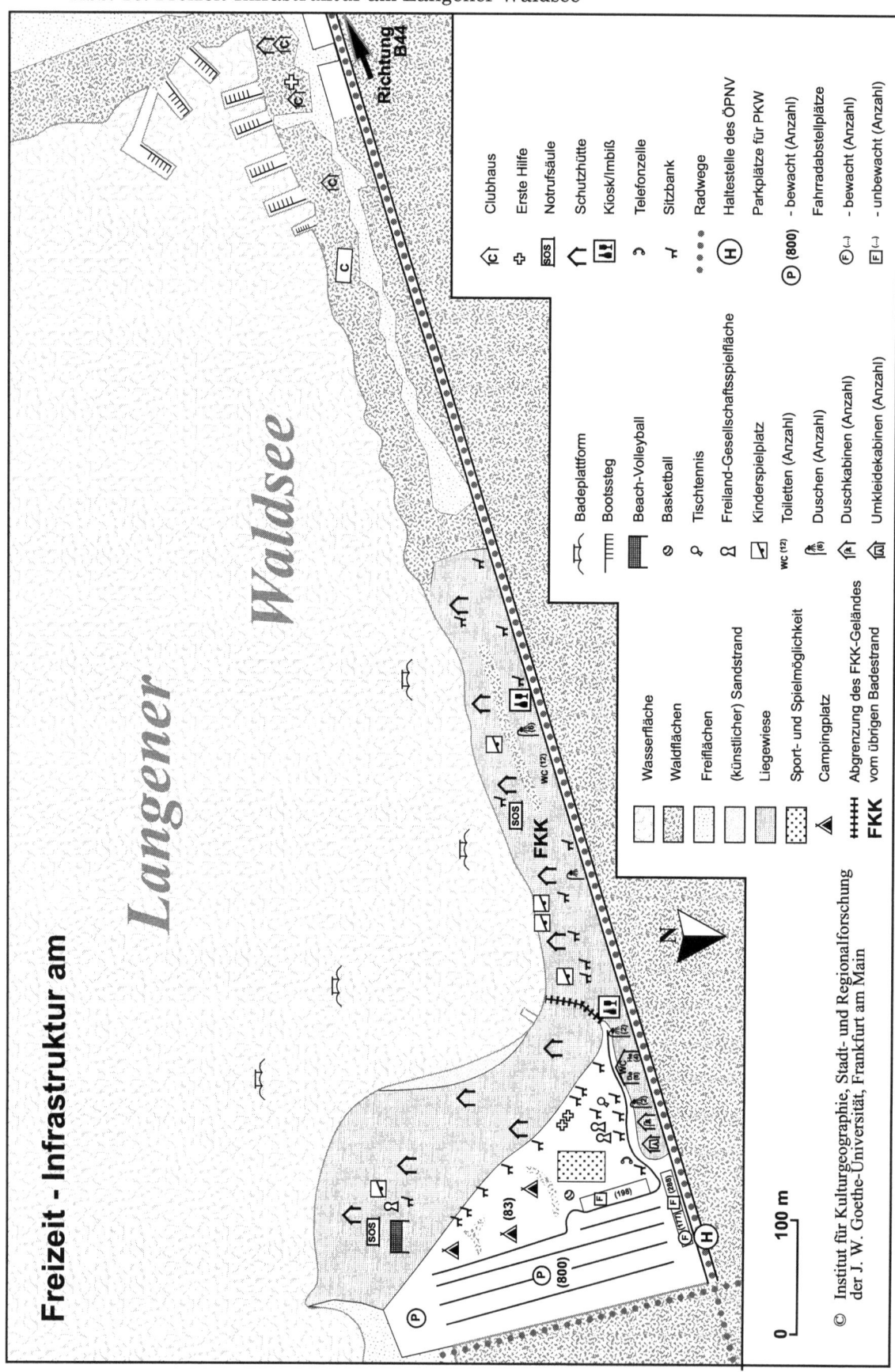

deren Ende der Skala bestätigt. Während Aktivitäten wie das „Spaziergehen", das „Lernen" oder das „Radfahren" von den Campern und von den Badegästen kaum mehr genannt wurden (Bei den Badegästen fielen die entsprechenden Anteilswerte weit unter die 10 Prozentmarke auf 4,0%, 5,4% und 5,9%!), konnten bei den Wassersportlern, wenn man von der Sammelkategorie „Sonstige" einmal absieht, selbst die am seltensten genannten Freizeitaktivitäten wie „Lernen", „Spazierengehen" und „Spielen" noch 25,5%, 27,5% und 39,2% der Stimmen auf sich ziehen. Berücksichtigt man außerdem die Gesamtzahl der von den Wassersportlern angegebenen Aktivitäten (286 Antworten/51 Befragte (Faktor: 5,6)), so deutet alles darauf hin, dass sich diese Gruppe nicht nur durch die Vielzahl, sondern auch durch eine sehr breit gefächerte Palette ganz unterschiedlicher Aktivitäten, also durch eine besondere Vielfalt der Tätigkeiten, auszeichnet. Demgegenüber neigen die Camper und vor allem die Badegäste dazu, sich zulasten anderer Beschäftigungen auf das Schwimmen und Sonnenbaden zu konzentrieren; der Durchschnitt der Freizeitaktivitäten, die von diesen beiden Gruppen bei schönem Wetter ausgeübt wurden, lag im Vergleich zu den Wassersportler entsprechend niedriger bei 4,8 bzw. 3,9.

Stellt man den Angaben der Badegäste am Langener Waldsee die Ergebnisse der Befragung am Schultheisweiher gegenüber, so fällt zunächst auf, dass die Anzahl der Nennungen am Schultheisweiher gemessen an der Gesamtzahl der Befragten mit 704 Tätigkeiten bei 219 Badegästen (Faktor 3,2) um einiges geringer ausfiel als am Langener Waldsee, wo von 354 Badegästen immerhin 1391 Freizeitaktivitäten (Faktor 3,9) genannt wurden. Natürlich kann man sich - nicht zuletzt vor dem Hintergrund der sozio-demographischen Struktur(en) - die Auffassung zu eigen machen, dass es sich bei den Badegästen am Langener Waldsee eben um die aktiveren Menschen handelt; doch dürfte diese Interpretation der Daten etwas zu kurz greifen. Es ist vielmehr davon auszugehen, dass das aktivere Verhalten der Waldsee-Besucher auf die dort vorhandene Ausstattung mit Freizeitangeboten und damit auf eine Freizeit-Infrastruktur (vgl. Abb. 16) zurückgeführt werden muss, mit der der Schultheisweiher nicht konkurrieren kann. Denn: „Bewusst wurde hier auf aufwendige Freizeitinfrastruktur für unterschiedlichste Betätigungen am Wasser verzichtet. Die strenge Badeordnung grenzt das Spektrum der Aktivitäten im Wasser erheblich auf das bloße Schwimmen und Baden ein ..." (WOLF et al. 1997, 42).

Vor diesem Hintergrund ist es denn auch nicht weiter verwunderlich, dass die einzelnen Freizeitaktivitäten am Schultheisweiher sehr viel geringere Prozentanteile für sich verbuchen konnten. So wurden das „Schwimmen" bzw. „Sonnen" als die bei schönem Wetter beliebtesten Beschäftigungen von lediglich 72,6% bzw. 55,7% der befragten Badegäste angegeben, während am Langener Waldsee Werte in Höhe von 91,2% und 77,4% (s. Abb. 17) erreicht wurden. Für die übrigen Kategorien gilt entsprechendes. Von solchen rein quantitativen Unterschieden einmal abgesehen lässt sich jedoch die am Schultheisweiher wie folgt beschriebene Situation mit nur wenigen Abstrichen auf den Langener Waldsee übertragen: „Die fünf am häufigsten genannten Aktivitäten bei Badewetter beschreiben folgenden Aktivitätenkanon: Schwimmen, Sonnen, Lesen, Ausruhen, mit der Familie beschäftigen. Eindeutig im Vordergrund stehen damit unmittelbar auf den Badesee bezogene Beschäftigungen wie Schwimmen und Sonnenbaden. Insofern ist festzustellen, dass die Freizeitlandschaft Schultheisweiher ihren Zweck erfüllt und tatsächlich wasserbezogenen Freizeitaktivitäten dient. Typisch für die Freizeiteinrichtung des Badesees ist auch die Zweiteilung der Beschäftigungen in stark aktionsbetonte (Schwimmen, mit der Familie beschäftigen) und eher erholungsbetonte, aktionsarme (Sonnen, Lesen, Ausruhen), die ungefähr gleich häufig genannt werden. Aus dieser Konstellation ergeben sich unterschiedliche Ansprüche an die Freizeiteinrichtung Badesee, die in der Beurteilung des Schultheisweihers (s.u.) eine deutliche Rolle spielen." (WOLF et al. 1997, 64f.).

Abb. 17: Vergleich der Aktivitäten der Badegäste bei Badewetter

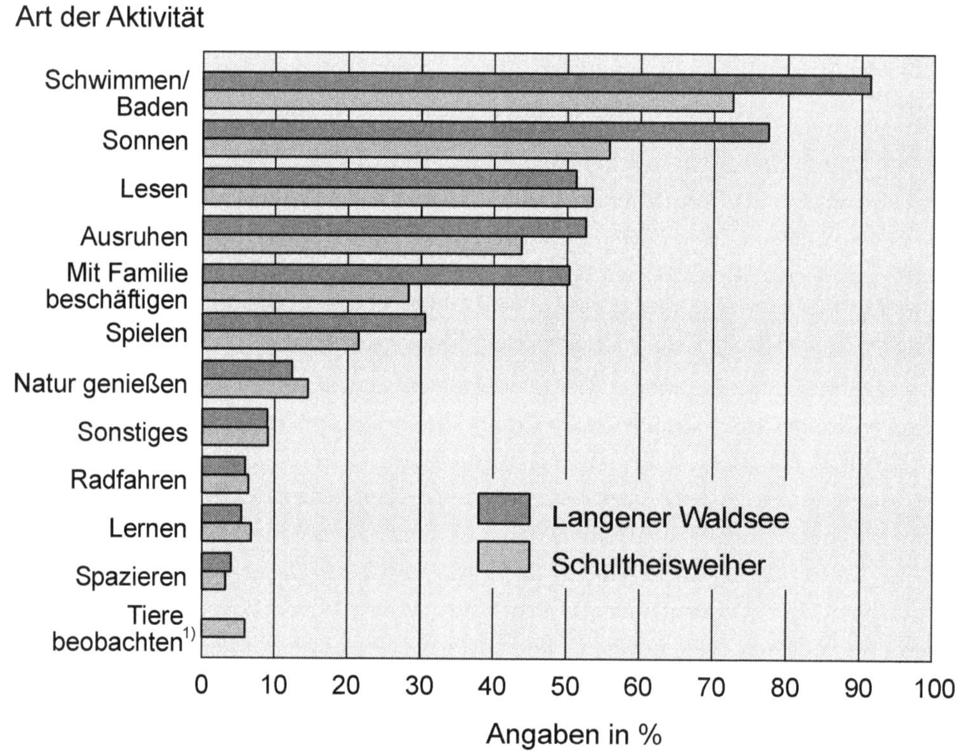

[1] Die Nennung „Tiere beobachten" war im Rahmen der vorgegebenen Antwortmöglichkeiten am Langener Waldsee nicht enthalten!

Quelle: Eigene Erhebung 1993, 1997

Dieser grundsätzlichen Einschätzung kann sich im Hinblick auf die Verhältnisse am Langener Waldsee nur angeschlossen werden, zumal die zwei Badeseen, was die relative Bedeutung der verschiedenen Freizeitaktivitäten im Urteil der Besucher betrifft, auf eine geradezu verblüffende Weise übereinstimmen. Wie die folgende Übersicht deutlich macht, ergibt ein Ranking dieser Aktivitäten geordnet nach der Zahl der Nennungen für beide Seen ein weitgehend vergleichbares Bild: Mit Ausnahme des „Radfahrens" (Langener Waldsee: Rang 9; Schultheisweiher: Rang 10) und des „Lernens" (Langener Waldsee: Rang 10; Schultheisweiher: Rang 9) sowie des „Tiere beobachten", einer Freizeitbeschäftigung, die bei der Befragung am Langener Waldsee nicht gesondert aufgeführt und daher auch nicht genannt wurde, belegen alle aufgezählten Aktivitäten die gleichen Plätze.

Vergleicht man zum Abschluss noch kurz die Angaben der Waldsee-Besucher im Hinblick auf ihr Verhalten bei Nicht-Badewetter, so ist zunächst festzustellen, dass sich die Gesamtzahl der Aktivitäten drastisch reduziert. Wurden bei schönem Wetter von den 354 befragten Badegästen noch 1391, von den 51 Wassersportlern 286 und den 29 Campern insgesamt 140 verschiedene Tätigkeiten angegeben, so „schrumpft" diese Zahl auf nunmehr 206 (Badegäste), 107 (Wassersportler) bzw. 86 (Camper), was einem Faktor von 0,6 (Schultheisweiher zum Vergleich: 0,4), 2,1 resp. 3,0 entspricht. Hieraus kann gefolgert werden, dass die Camper im Vergleich zu den Badegästen und Wassersportlern die mit Abstand „wetterunempfindlichste" Besuchergruppe bilden - aus Gründen, die sich u.a. auf die Art und Dauer des Aufenthalts zurückführen lassen. So nötigt ein mehrtägiger oder gar mehrwöchiger (Urlaubs-)Aufenthalt in einem Wohnwagen, in einem Campingbus oder Zelt auch bei Schlechtwetterperioden zu irgendeiner Form der Beschäftigung, ein Zwang, dem sich die Badegäste und Wassersportler sehr viel leichter - nämlich durch den Antritt des Heimweges - entziehen können. Aber auch die Wassersportler zeigen gemessen an der Zahl ihrer Aktivitäten noch erstaunliches „Stehvermögen", was sicher mit den besonderen Gründen für ihren Aufenthalt am See und der Art des dort von ihnen regelmäßig ausgeübten Sports erklärt werden kann. So gaben 60,8% der Wassersportler an, am Waldsee zu segeln; weitere 35,3% surften, 23,5% angelten und 31,4% schwammen (vgl. Tabelle im Anhang!). Mit Ausnahme des Schwimmens dürfte es sich bei diesen Sportarten, vor allem beim Segeln und Angeln, mit Einschränkungen aber auch beim Surfen, um Aktivitäten handeln, die im Vergleich zum Baden (Und das ist ja der Grund, warum die Badegäste an den See kommen!) auch bei ungünstigeren Wetterbedingungen noch realisiert werden können. Hinzu kommen die Möglichkeiten, die sich gerade für die Wassersportler durch ihre Vereinszugehörigkeit bieten: Kontakte mit Gleichgesinnten, gemeinsame Interessen und Aktivitäten und nicht zuletzt das oft als gesellig zu bezeichnende Vereinsleben bieten eine verhältnismäßig wetterunabhängige Form der Beschäftigung am See.

Dass sich das Spektrum der am Langener Waldsee ausgeübten Tätigkeiten bei Nichtbadewetter von demjenigen bei Badewetter deutlich unterscheidet, kann wohl nicht ernsthaft in Zweifel gezogen werden. Die typischen „Schön-Wetteraktivitäten" wie „Schwimmen" und „Sonnen" verlieren an Bedeutung; nur noch 7,9% der Badegäste (Sonnen: 3,1%), 9,8% der Wassersportler (Sonnen: 5,9%) und 13,8% der Camper (Sonnen: 0,0%) gehören zu den - fast möchte man sagen - „Hartgesottenen", die sich auch bei ungünstigen Wetterverhältnissen solchen Aktivitäten widmeten. Dementsprechend gewinnen Beschäftigungen wie das „Zusammensein mit der Familie und Freunden" (8,2% der Badegäste, 39,2% der Wassersportler und 65,5% der Camper), das „Ausruhen" (11,0%, 19,6% resp. 14,8%), das „Spielen" (7,9%, 21,6% resp. 44,8%), „Lesen" (7,1%, 17,6% resp. 51,7%) und die „Naturbeobachtung" (3,7%, 25,5% resp. 20,7%) an Gewicht. Allerdings überrascht bei den meisten Besuchergruppen der nach wie vor geringe Anteil derjenigen, die dem Lernen oder auch dem Radfahren als typischen „Allwetter-Tätigkeiten" etwas abzugewinnen vermochten.

Abb. 18: Vergleich der Aktivitäten der Badegäste bei Nichtbadewetter

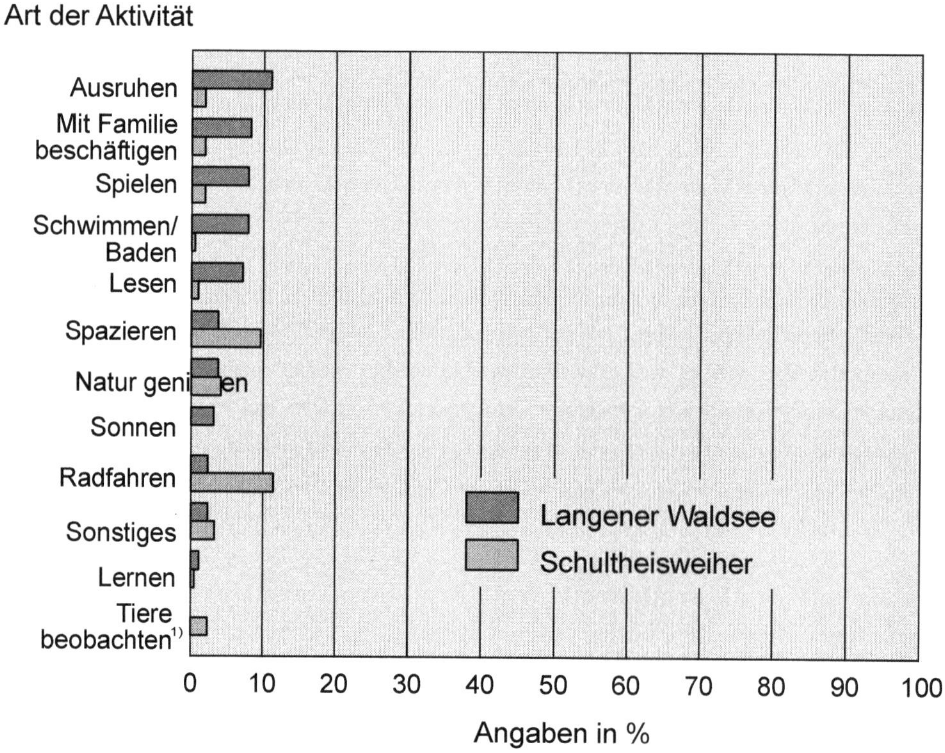

[1] Die Nennung „Tiere beobachten" war im Rahmen der vorgegebenen Antwortmöglichkeiten am Langener Waldsee nicht enthalten!

Quelle: Eigene Erhebung 1993, 1997

Unabhängig von den genauen Prozentwerten, die der Tabelle im Anhang entnommen werden können, zeigen sich bei den einzelnen Gruppen, was die Rangfolge der genannten Freizeitaktivitäten nach der Zahl der Nennungen betrifft, z.T. ganz unterschiedlich gelagerte Präferenzen: So standen trotz der Wetterbedingungen bei den Badegästen auf den Rängen 1 und 3 mit „Ausruhen" und „Schwimmen" Aktivitäten hoch im Kurs, denen die Wassersportler und Camper entschieden reservierter gegenübertraten (Wassersportler: Ränge 5 und 10; Camper: Ränge 3 und 8). Das „Zusammensein mit Familie und Freunden" (Badegäste: Rang 2; Wassersportler: Rang 1; Camper: Rang 1) war zwar bei allen Gruppen gleichermaßen beliebt, doch neigten die Wassersportler eher zur „Naturbeobachtung" (Rang 2), dem „Spazierengehen" (Rang 3) und „Spielen" (Rang 4), während für die Camper das „Lesen" (Rang 2) sowie das „Ausruhen" und „Spielen" (Rang 3) noch sehr wichtig waren. Weit abgeschlagen im hinteren Feld finden sich dagegen bei allen Besuchergruppen das „Lernen" (Ränge 11,9 und 8) und das „Sonnen" (Ränge 8,11 und 11) wieder, eine Bewertung, die - wenn auch aus unterschiedlichen Gründen (Lernen ist keine Freizeitbeschäftigung und Sonnen bei ungeeignetem Wetter kaum möglich!) - durchaus nachvollziehbar ist.

Zum Vergleich sollen nun noch die am Schultheisweiher genannten Freizeitaktivitäten der Badegäste bei Nichtbadewetter den am Langener Waldsee ermittelten Ergebnissen gegenübergestellt werden (s. Abb. 18). Im Gegensatz zu den Verhältnissen bei guten Wetterbedingungen, wo - abgesehen von den genauen Prozentanteilen - zumindest die Reihenfolge der angegebenen Aktivitäten gemessen an der Zahl der Nennungen bis auf eine Ausnahme übereinstimmte, ergibt sich nun bei schlechtem Wetter ein deutlich anderes Bild. Wie die unten folgende Übersicht zeigt, lagen in der Gunst der Badegäste am Schultheisweiher Beschäftigungen wie das „Radfahren", das „Spazieren", die „Natur beobachten" vorn, und damit Aktivitäten, die am Langener Waldsee auch bei ungünstiger Wetterlage eher zurückhaltend bewertet wurden. Auf der anderen Seite spielten die am Langener Waldsee bevorzugten „Schlecht-Wetter-Tätigkeiten", das „Ausruhen", das „Zusammensein mit der Familie", das „Spielen", aber auch das „Schwimmen" und „Lesen" am Schultheisweiher eine sehr viel „bescheidenere" Rolle.

Vor diesem Hintergrund bedarf die Einschätzung am Schultheisweiher: „Nur ein geringer Teil der Badegäste nutzt die Freizeitlandschaft Schultheisweiher auch bei Nicht-Badewetter. Das Aktivitätenspektrum ist dann aber ein völlig anderes als bei Badewetter. Die Beschäftigungen sind nicht mehr primär auf das Vorhandensein einer Wasserfläche bezogen. Vielmehr ist der Naturraum des Schultheisweihers für die Freizeitgestaltung bei schlechterem Wetter von großer Bedeutung. Die Wasserflächen erhöhen dabei den Reiz des Naturerlebnisses." (WOLF et al. 1997, 66) bezogen auf den Langener Waldsee einer gewissen Korrektur. Die unterschiedlichen Aktivitätsspektren bei Bade- bzw. Nichtbadewetter können zwar unwidersprochen auf die Verhältnisse am Waldsee übertragen werden. Ob aber die Wasserfläche des Sees im Hinblick auf die dort ausgeübten Aktivitäten bei ungünstigen Wetterverhältnissen so entscheidend an Bedeutung verliert, das muss - zumindest an dieser Stelle - noch offen bleiben.

Es ist anzunehmen, dass die Art der am Langener Waldsee ausgeübten Tätigkeiten - wie jede Form der Freizeitbeschäftigung - sehr stark von den verschiedenen sozio-demographischen und anderen Merkmalen bestimmt wird. Das Alter, das Geschlecht, aber auch Einkommensverhältnisse und Familienstand können diese Aktivitäten ebenso beeinflussen wie die besonderen Aufenthaltsbedingungen, also etwa die Gruppenkonstellation (allein, mit Partnern, Kindern, Freunden etc.), die Aufenthaltsdauer, die Häufigkeit des Besuchs u.ä.. Aus diesem Grunde wurde versucht, die Art der Beschäftigung am See mit solchen Kriterien in Beziehung zu setzen, um feststellen zu können, ob etwa bestimmte Verhaltensweisen in besonderem Maße an Eigenschaften wie die oben genannten, also an die Zugehörigkeit zu einer Altersgruppe, zu einem Geschlecht, an die Aufenthaltsdauer etc. gebunden sind. Hierbei geht es dann um Aussagen der Form: „Jüngere Befragte bevorzugen im Vergleich zu den älteren aktivere Tätigkeiten ...."; „Männliche Befragte tendieren zu diesen Verhaltensweisen, weibliche zu jenen ..."; „Je größer die Gruppe, desto eindeutiger der Wunsch zu einer solchen Beschäftigung ...", „Je länger der Aufenthalt dauert, um so mehr rückt jene Aktivität in der Vordergrund ..." usw..

Allerdings ergab sich mit Ausnahme der Badegäste bei allen an der Untersuchung beteiligten Gruppen das bereits bekannte Problem, dass die Grundgesamtheiten nicht ausreichten, um auch im statistischen Sinne signifikante Zusammenhänge aufdecken und belegen zu können. Dort, wo zu „Versuchszwecken" die Wassersportler und Camper (etwa im Hinblick auf die Korrelation von verschiedenen Aktivitäten mit der Altersstruktur, der Aufenthaltsdauer oder der Besuchshäufigkeit u.ä.) in die Auswertung mit einbezogen wurden, war der Aussagewert so "fragwürdig", dass sich sogar eine Tendenzaussage verbat. Und selbst die Zahl der Badegäste mit insgesamt 354 befragten Personen stellte für ein derartiges Vorhaben eine nicht allzu „üppig" bemessene Ausgangsbasis dar. Nichtsdestotrotz wurde in diesem Falle der Versuch unternommen, durch Zusammenfassen einzelner Kategorien (d.h. Reduzierung der Altersklassen, der Einkommensgruppen usw. auf eine Zahl, die eine ausreichende Besetzung der einzelnen Tabellenfelder sicherstellt!) zu Aussagen wie den oben genannten zu kommen. Leider führte auch diese Lösung zu Ergebnissen, die einer genaueren Überprüfung nicht standhalten konnten. Angesichts solcher Einschränkungen muss daher auf die Wiedergabe der entsprechenden Tabellen, die dem Zwischenbericht aus Informationsgründen noch beigefügt wurden, in der nun vorliegenden Fassung verzichtet werden.

2.4.2 Nutzung bestimmter Einrichtungen

Wie einleitend bereits erwähnt wurde, spielen für die Attraktivität eines Freizeit- und Erholungsgebietes unabhängig von denjenigen Freizeitangeboten, die für die Ausübung bestimmter Spiel- und sportlicher Aktivitäten unerlässlich sind, auch die so bezeichneten ergänzenden Einrichtungen wie z.B. die sanitären Anlagen, die Verpflegungsmöglichkeiten u.ä. (vgl. hierzu Abb. 16) eine wichtige Rolle. Auf eine diesbezügliche Frage gaben alle Besuchergruppen am Langener Waldsee an, dass sie in erster Linie die sanitären Anlagen nutzen würden. 69,2% der Badegäste, 56,9% der Wassersportler und 69,0% der Camper äußerten sich entsprechend. Bei den Badegästen folgten dann mit einem Anteil in Höhe von 67,8% der Kiosk sowie die Sportanlagen (15,0%), während bei den Wassersportlern und Campern die Sportanlagen (7,8% bzw. 44,8%) noch vor dem Kiosk (2,0% bzw. 24,1%) genannt wurden. Völlig überraschend ist hingegen die geringe Zahl der Wassersportler, die sich zur Nutzung des Vereinsheimes (2,0%) bekannten, ein Phänomen, das auch den eigenen Erfahrungen widerspricht, konnten doch zumindest am späten Samstagnachmittag in der Befragungswoche auf dem Vereinsgelände größere „Menschenansammlungen" beobachtet werden, die - so die Auskunft - dort den 60ten Geburtstag eines Vereinsmitgliedes feierten.

Diesen Angaben sollte vor allem im Hinblick auf eventuell erforderliche Maßnahmen zur Verbesserung der „Ver- und Entsorgungssituation" am Waldsee größtes Augenmerk geschenkt werden. So sind nach Auffassung des Langener Schwimmmeisters, Herrn Appel, vor allem die *sanitären Anlagen alt und nicht ausreichend, sie müssen auf Dauer erneuert werden*. Ob in bezug auf das gastronomische Angebot Handlungsbedarf besteht, darüber können die Antworten auf die Frage nach der Art der Verpflegung am See, der Beurteilung der bestehenden Situation sowie den Ausgaben, die am See für Speisen und Getränke getätigt wurden, Aufschluss geben: Die verhältnismäßig hohen Anteile der Selbstversorger, die bei den Badegästen 77,1%, den Wassersportlern 82,4% und bei den Campern - wohl infolge der diesbezüglich besseren Kochgelegenheiten - „stolze" 96,6% betragen, deuten darauf hin, dass das derzeitige gastronomische Angebot am Langener Waldsee in Form eines Kioskes nur von einem Teil der Besucher genutzt wird. Zwar gaben 56,9% der Badegäste an, am Kiosk einzukaufen; doch bei den Campern bzw. den Wassersportlern sank dieser Anteil auf „bescheidene" 37,9% bzw. 11,8%. Die übrigen, im Vergleich zu den bisher genannten Größenordnungen kaum mehr ins Gewicht fallenden Anteile entfielen auf die Nennungen „Picknick" (=Selbstversorger?) bzw. Kantine (0,3% der Badegäste, 13,7% der Wassersportler und 13,8% der Camper).

Die Bewertung des gastronomischen Angebots, also wohl vor allem des Kioskes, fiel dementsprechend „durchwachsen" aus. Bei den Badegästen äußerten sich 9,9% der Befragten ausdrücklich „negativ"; bei den Wassersportlern und Campern herrschte eine noch deutlichere Sprache: „Negativ" lautet hier das (vernichtende) Urteil bei 21,6% bzw. 27,6% der Befragten. Da die Gründe für dieses Votum nicht abgefragt wurden, können diesbezüglich nur sehr vorsichtige Vermutungen geäußert werden. Angebotsbreite, -tiefe und -qualität, aber auch der Preis bzw. das Preis-Leistungs-Verhältnis dürften in den Augen dieser skeptisch eingestellten Befragten Anlass zur Kritik gegeben haben. Während sich rund ein Drittel der befragten Badegäste und Camper (33,6% und 34,5%) sowie knappe 10 Prozent der Wassersportler (9,8%) in ihrem Urteil unentschlossen zeigten („teils/teils"), bewerteten 26,6% der Badegäste, 17,6% der Wassersportler und 31,0% der Camper das gastronomische Angebot positiv. Bei dieser Beurteilung mag wohl auch die Erkenntnis beteiligt sein, dass gerade an solch exponierter Stelle die Möglichkeit zur Versorgung mit dem Nötigsten in Form eines Kioskes grundsätzlich zu begrüßen ist, wobei sich die an eine solche Einrichtung zu stellenden Ansprüche nach dem Machbaren richten und daher in vernünftigen Grenzen bewegen sollten. Dass ein solches Angebot nicht selbstverständlich ist, belegen die Verhältnisse am Schultheisweiher, wo am See selbst „und im näheren Umkreis von 500m keine Verpfle-

Verpflegungseinrichtungen oder Kioske vorhanden sind. (...) Das Verhalten der Badegäste zeigt eindeutig, dass sich zu Verpflegen zu den gewünschten Aktivitäten während des Besuchs am Schultheisweiher gehört, da die Freizeitnutzer bereit sind, die Nahrungsmittel an den See zu transportieren. Dies korrespondiert deutlich mit der bestehenden Nachfrage nach einem Kiosk auf dem Gelände des Freizeitareals. Die Auswertung der Äußerungen der Badegäste unter dem Gliederungspunkt Verbesserungsvorschläge ermittelt dies als vordringlichsten Wunsch." (WOLF et al. 1997, 67). Vor diesem Hintergrund dürfte der am Langener Waldsee u.a. geäußerte Wunsch nach der Eröffnung eines Biergartens zwar menschlich sehr verständlich, aber aufgrund der Macht des Faktischen zum Scheitern gezwungen sein.

Auf die Ausgaben, die die am Langener Waldsee befragten Besucher nicht nur für Fahrtkosten, sondern auch für Speisen und Getränke tätigten, soll hier nicht näher eingegangen werden, da die einzelnen Angaben - differenziert nach den verschiedenen Besuchergruppen - den Tabellen im Anhang entnommen werden können. An dieser Stelle sei nur festgehalten, dass bei den Verpflegungskosten pro Person und Tag (Wieviel Geld geben Sie hier heute pro Person aus?) die Camper die höchsten Durchschnittsbeträge angaben (8,89DM), wofür wohl vor allem die (auch auf den Tag bezogene) längere Aufenthaltsdauer am See ausschlaggebend sein dürfte. Im Vergleich dazu nannten die Badegäste und Wassersportler deutlich geringere Summen in Höhe von 6,53DM bzw. 3,73DM. Allerdings vermochten die Badegäste diese „Scharte" bei den Maximumbeträgen wieder auszugleichen. Hier soll derjenige Badegast nicht unerwähnt bleiben, der es schaffte, an einem Tag (heute!) einen Betrag von 75,-DM zu „verzehren", eine überaus beeindruckende Leistung, an die die Camper und Wassersportler mit Nennungen in Höhe von 30,-DM und 20,-DM nicht heranzureichen vermochten.

2.5 Langener Waldsee - Bewertung einer Freizeiteinrichtung

Eine Untersuchung wie diese würde unvollständig bleiben, wollte man nicht auch die „Betroffenen" selbst, also die Besucher am See, nach ihren Eindrücken, ihrer Meinung, kurz, nach ihrem Urteil über den „Langener Waldsee" befragen - denn gerade solche Eindrücke, solche Meinungen und Urteile sind dazu geeignet, die für die weitere Entwicklung des Sees entscheidenden Impulse zu geben. Dabei müssen Hinweise auf eventuell vorhandene Kritikpunkte, auf Schwächen und Defizite als mindestens ebenso hilfreich angesehen werden wie „positive" Äußerungen im Hinblick auf die Wahrnehmung bestehender Chancen, die Nutzung noch nicht „ausgereizter" Möglichkeiten oder sonstige Anregungen. Solche Angaben dürften auch bei den für die zukünftige Planung des Freizeitgebietes „Langener Waldsee" Verantwortlichen auf größtes Interesse stoßen, sind es doch die Besucher, die die Zukunft des Waldsees mitgestalten und durch ihr Kommen oder Fernbleiben beeinflussen werden.

Aus diesem Grunde werden nun unabhängig von der bisher geleisteten Bestandsaufnahme, die sicherlich schon manchen, wenn auch eher versteckten Hinweis auf die diesbezügliche Einschätzung der Besucher geliefert hat, die Antworten auf Fragen wie: „Wie gefällt es Ihnen hier?", „Was gefällt Ihnen gut oder auch weniger gut?" „Haben Sie Verbesserungsvorschläge?" usw. vorgestellt. Um zu einem möglichst abgerundeten und in sich stimmigen Gesamteindruck zu kommen, wurde im Rahmen der Befragung über solche noch recht allgemein gehaltenen Formulierungen hinaus auch ganz konkret nach der Zufriedenheit mit bestimmten Angeboten, der Sicherheit, der Aufsicht im Bereich des Langener Waldsees oder nach bestehenden Konflikten, etwa mit anderen Besuchern oder den Wassersportlern am See gefragt. Das auf der Grundlage dieser Bewertungen sich abzeichnende Bild des Langener Waldsees, ein Bild, das mitunter auch recht kritischen Blicken ausgesetzt ist, wird in den nun folgenden Abschnitten Gegenstand der Diskussion sein.

2.5.1 Allgemeine Bewertung des Badesees und seines Freizeitangebots

Da - wie bei allen Bewertungen - die Kenntnis vergleichbarer „Objekte" einen entscheidenden Einfluss auf die Urteilsbildung ausübt, wurden die Besucher des Langener Waldsees zunächst nach möglichen Aufenthalten an anderen Badeseen („Besuchen Sie noch andere Badeseen?" „Welche?"; „Campen Sie auch auf anderen Plätzen?" „Auf welchen?") gefragt. Hier zeigte sich, dass die Mehrheit, nämlich 54,2% der Badegäste und 58,8% der Wassersportler zum Baden, Segeln, Surfen usw. ausschließlich an den Waldsee kamen; die Camper erreichten sogar eine Quote in Höhe von 75,9%. Die übrigen Befragten (43,2% der Badegäste, 29,4% der Wassersportler und 24,1% der Camper) frequentierten auch noch andere Seen und Plätze, wobei von den Badegästen der Walldorfer See (14,4%) und der Kiessee in Nieder-Roden (4,5%) als häufigste Ausweichziele genannt wurden. Bei den Wassersportlern streuten die diesbezüglichen Nennungen sehr stark; nur die Edertalsperre wurde von insgesamt 3,9% (zwei Befragte!) als Alternative zum Waldsee angegeben (vgl. Tabellen im Anhang!). Die Tatsache, dass sich die Camper und Wassersportler mehr noch als die Badegäste lediglich auf den Langener Waldsee konzentrierten, mag u.a. auf praktische Erwägungen (Vereinsmitgliedschaft, Sportgerät bzw. Campingausrüstung am See etc.) zurückzuführen sein. Diese Tatsache beeinflusst aber auch die Einstellung der Besucher zum See, trägt doch die Kenntnis von Alternativen, die Möglichkeit, mit den Verhältnissen an anderen Badeseen zu vergleichen, zur „Kompetenz" des Urteils bei. Und vor einem solchen Hintergrund werden die Vorzüge ebenso wie Nachteile des Langener Waldsees in einem ganz anderen Licht erscheinen ...

Um die bei solchen Befragungen häufig zu beobachtenden Unsicherheiten auf Seiten der Befragten abzubauen, wurde an den Anfang des Interviews die als „Aufhänger" oder „Einsteiger" fungierende allgemeine Frage "Wie gefällt es Ihnen denn hier?" gestellt. Die Antworten auf diese Frage sind schon deshalb so interessant, weil sie unabhängig von der Vielzahl der später ganz gezielt angesprochenen Gesichtspunkte den spontanen Eindruck der Befragten auf die Situation am Langener Waldsee widerzugeben vermögen. Die auf diese Einstiegsfrage geäußerten Meinungen stehen nämlich nur allzu oft in einem sehr reizvollen Kontrast zu den Ergebnissen einer entsprechenden „Folgefrage" („Was gefällt Ihnen hier besonders gut/nicht so gut?") am Ende des Interviews, da eine ausgiebigere Diskussion der durch den Fragebogen berührten Aspekte dazu führen kann, anfänglich noch sehr positiv oder auch negativ formulierte Einstellungen einer gewissen Revision zu unterziehen. Auf dieses Phänomen wird im folgenden noch einzugehen sein.

Die Antworten auf die Frage: „Wie gefällt Ihnen das Erholungsgebiet „Langener Waldsee"? (vgl. Tabelle im Anhang) spiegeln deutlich die Zufriedenheit der Besucher mit den Verhältnissen am See wider: 60,5% der befragten Badegäste, 47,1% der Wassersportler und 37,9% der Camper beurteilten den Langener Waldsee mit „gut". Addiert man hierzu die Anteile derjenigen, die sich sogar sehr zufrieden (Antwort: „sehr gut") zeigten, so erhält man auch unabhängig von der jeweiligen Personengruppe in der Summe recht „erkleckliche" Werte; weit über vier Fünftel aller Befragten (Badegäste: 84,2%; Wassersportler: 94,2%; Camper: 86,2%) äußerten sich entsprechend positiv. Dabei deuten die bei der Auswertung dieser Frage eigens ausgewiesenen Antworten der Badegäste im FKK-Bereich auf eine - verglichen mit der Gruppe der Badegäste insgesamt - noch größere Zustimmung hin: 38,3% der „FKK-ler" bewerteten den Waldsee mit „sehr gut"; weitere 48,3% mit „gut". Die Nennungen „teils/teils" sind hingegen sehr viel weniger häufig vertreten. Lediglich 11,9% der Badegäste (FKK: 10,0%), 5,9% der Wassersportler und 10,3% der Camper bekannten sich zu dieser eher unentschlossenen Haltung. Aber auch für die Kategorien „schlecht" oder gar „sehr schlecht" mochten sich nur mehr wenige der Befragten zu entscheiden; 1,4% bzw. 0,6% der Badegäste (FKK: 1,7% bzw. 1,7%) fällten ein solch „unerfreuliches" Urteil.

Obwohl davon auszugehen ist, dass die Einstellung der Besucher zum Langener Waldsee von sozio-demographischen/-ökonomischen sowie sonstigen Aufenthaltsmerkmalen beeinflusst ist, können solche Abhängigkeiten anhand der vorliegenden Daten statistisch nicht nachgewiesen werden. Die Korrelation der Antworten auf die Frage „Wie gefällt Ihnen der Langener Waldsee?" mit Geschlecht, Haushaltsgröße, Familienstand oder Einkommen ergibt keine näheren Hinweise auf einen möglichen Zusammenhang; lediglich im Hinblick auf die Kriterien „Alter", „Erstbesucher (ja/nein)" und „Gruppengröße" lassen sich einige vorsichtige Schlussfolgerungen - etwa in dem Sinne: „Je älter die befragten Besucher, desto positiver fällt das Urteil über den Langener Waldsee aus!" - ziehen. So bewerteten 80,5% der unter 30jährigen den Langer Waldsee mit „sehr gut/gut"; bei den 30- bis 50jährigen waren es schon 84,4% und bei den über 50jährigen sogar 93,9%". Die kritischen Stimmen verloren hingegen mit zunehmendem Alter immer mehr an Bedeutung: Für die Kategorie „teils/teils" sank ihr Anteil von 14,9% über 11,5% auf 4,1% und für die Kategorie „schlecht/sehr schlecht" von 2,9% über 1,6% auf

0,0%. Wenn auch ein solcher Zusammenhang nicht mit statistischer Signifikanz belegt werden kann, so deutet doch die „Regelmäßigkeit" dieser Verteilung auf andere als nur zufällige Einflüsse hin, eine Annahme, die vor dem Hintergrund ähnlicher Ergebnisse bei anderen Untersuchungen durchaus plausibel erscheint. Denn vielfach zeichnen sich auch heute noch ältere Menschen im Vergleich zu jüngeren durch Bedürfnisse, Erwartungen und Ansprüche aus, welche gerade infolge ihres ausgeprägten Realitätsbezuges zu einer gewissen Zufriedenheit mit den vorhandenen Angeboten führen. Und eine solche Zufriedenheit geht häufig mit einem bestimmten Maß an Toleranz einher, wenn es etwa darum geht, Kritik zu äußern oder ein Urteil zu fällen.

Die Korrelationen „Allgemeine Bewertung - Erstbesuch (ja/nein)" und „Allgemeine Bewertung - Gruppengröße" ergeben, was das Grundschema betrifft, durchaus vergleichbare Verteilungen. Aus leicht nachvollziehbaren Gründen äußerten sich diejenigen Badegäste, die den Langener Waldsee von früheren Besuchen her kannten, zufriedener als solche, die zum Zeitpunkt der Befragung zum ersten Mal am See weilten. In der Kategorie „sehr gut/gut" standen 88,0% positiven Stimmen der „Wiederholer" lediglich 73,6% solcher Stimmen von Seiten der Erstbesucher gegenüber; diese konnten dafür in den Kategorien „teils/teils" 18,1% (Wiederholer: 10,5%) und „schlecht/sehr schlecht" 6,9% der Nennungen (Wiederholer: 0,7%) und damit insgesamt etwas höhere Prozentanteile für sich verbuchen. Entsprechendes gilt für das Kriterium „Gruppengröße", wo die „Alleinbesucher" den Waldsee zurückhaltender bewerteten als solche Badegäste, die zu zweit oder gar in Gruppen an den See gekommen waren: 79,5% Zustimmung von Seiten der „Singles am See" konnten mit den 86,3% positiven Nennungen der „Badegäste in Begleitung" nicht konkurrieren. Bei den beiden übrigen Kategorien „teils/teils" und „schlecht/sehr schlecht" verhielt es sich gerade umgekehrt (16,4% versus 10,8% bzw. 4,1% versus 1,4%). Über die Gründe für diese Bewertung - so sie denn nicht Zufall sind, sondern überhaupt „Methode haben" - lässt sich nach Belieben spekulieren. Möglicherweise wirkt sich jedoch bei einigen Besuchern die Tatsache, allein am See zu weilen, etwas drückend auf die Stimmung und damit auch auf die Einstellung dem See als solchem gegenüber aus.

Aufschlussreicher als die hier nur im Überblick dargestellten Ergebnisse der Korrelationen ist dagegen der Vergleich mit der Situation am Schultheisweiher. Stellt man nämlich die oben skizzierte Bewertung des Langener Waldsees den entsprechenden Angaben der dortigen Badegäste gegenüber, so ergibt sich ein nahezu identisches Bild: 83,6% der am Schultheisweiher befragten Besucher bewerteten den See mit den Noten „gut" oder „sehr gut" (Langener Waldsee: 84,2%); 11,9% zeigten sich unentschieden (Langener Waldsee: 11,9%) und 1,8% dokumentierten mit der Bewertung „schlecht" eine eindeutig ablehnende Haltung (Langener Waldsee: 2,0%). Eine derart geringe Abweichung (von nicht mehr als einigen Bruchteilen von Prozent!) mag wohl auch auf einen besonderen Effekt, den sogenannten „Gut-Effekt" zurückzuführen sein. Hierbei handelt es sich um ein relativ häufig zu beobachtendes Phänomen, wonach eine Vielzahl von Fragen wie die oben zitierte: „Wie gefällt es Ihnen ...?", „Wie geht es Ihnen ...?", „Wie finden Sie ...?" usw. mit jenem belanglos beiläufigen „Gut!" und damit einer fast schon erstarrten Antwortroutine bedacht wird. Solche kaum mehr von eigener Überlegung oder einer auch nur oberflächlichen Beschäftigung mit der gestellten Frage zeugenden Äußerungen führen dann zu den immer wieder gleichen Verteilungen, Verteilungen, wie sie oben anhand der Befragungsergebnisse beschrieben wurden. Die Antwort „Gut" erfreut sich in aller Regel der mit Abstand größten Beliebtheit. So wird denn auch am Schultheisweiher konsequenterweise festgestellt: „Diese auf den ersten Blick deutliche Zustimmung fällt bei genauerer Betrachtung einzelner Sachverhalte deutlich differenzierter und verhaltener aus." (WOLF et al. 1997, 71).

Zur „genaueren Betrachtung dieser einzelnen Sachverhalte" wurden die Besucher am Langener Waldsee durch die beiden offen gestellten Fragen „Was gefällt Ihnen hier besonders gut?" bzw. „Was gefällt Ihnen hier nicht so gut?" aufgefordert. Die Offenheit der Fragen ist in diesem Falle kein Zufall, sondern ganz im Gegenteil als ein wohl kalkuliertes „Mittel zum Zweck" anzusehen, zwingt doch das Fehlen vorgegebener Antwortmöglichkeiten die Befragten zu einer gedanklich etwas intensiveren Auseinandersetzung mit der Sache (Was finde ich denn nun wirklich gut? Was genau missfällt mir?). Außerdem kann durch solche offene Fragestellungen „vermieden werden, dass durch Auswahllisten geschlossener Fragen bei den Befragten bewusst bestimmte Assoziationen geweckt werden, die aber nicht den jeweils subjektiv am stärksten empfundenen Bewertungen entsprechen." (WOLF et al. 1997, 72).

Mit der Möglichkeit, nun jeden beliebigen Gesichtspunkt ansprechen zu können, ergibt sich sowohl am Langener Waldsee als auch am Schultheisweiher ein breites Spektrum ganz unterschiedlicher „Plus-" wie „Minuspunkte": Zu den positiv hervorgehobenen Aspekten gehört am Waldsee die gesamte Bade-Infrastruktur wie das Wasser und seine Sauberkeit, der See und der Sandstrand, welche von 44,4% der Badegäste, 37,3% der Wassersportler und 44,8% der Camper besonders lobend erwähnt wurden. Auf dem zweiten Platz lagen - ebenfalls unabhängig von der befragten Personengruppe - die natürlichen Ausstattungsfaktoren, die mit Worten wie „das Wasser" oder „der See mit seiner schönen Umgebung" beschrieben wurden. 29,4% der Badegäste, 29,4% der Wassersportler und 41,4% der Camper äußerten sich dementsprechend. Die Badegäste am Schultheisweiher setzten dagegen etwas andere Schwerpunkte: „Als besonders angenehm werden an erster Stelle die natürlichen Ausstattungsfaktoren des Areals wie Flora und Fauna genannt. Dies betonen 31,2% der Antworten. An zweiter Stelle wird die mit den natürlichen Ausstattungsfaktoren in Beziehung stehende Infrastruktur für die Freizeitbeschäftigung des Badens mit einem Anteil von 15,3% als positiv hervorgehoben." (WOLF et al. 1997, 73). Dieses Ergebnis deutet trotz der unterschiedlichen Berechnungsmodalitäten (Im Gegensatz zum Langener Waldsee wurden am Schultheisweiher alle Prozentanteile auf die Gesamtzahl der Nennungen bezogen, so so dass lediglich die Rangfolge, nicht aber die Prozentwerte als solche miteinander vergleichbar sind!) darauf hin, dass am Langener Waldsee der Badebetrieb und die damit verbundenen aktiveren Formen der Freizeitbeschäftigung (Spiel und Sport) im Vergleich zum Schultheisweiher eine größere Rolle spielen.

Diese Schlussfolgerung wird durch die folgenden Antworten bestätigt. So heben am Waldsee 15,8% der Badegäste, 15,7% der Wassersportler und 6,9% der Camper „die Platzmenge und die Gelegenheit, viele verschiedene Sportarten zu betreiben" positiv hervor, und damit einen Aspekt, der am Schultheisweiher „mangels Möglichkeiten" überhaupt nicht erwähnt wurde. Hier wurden eher die Atmosphäre bezüglich des Publikums (Nennungen wie „nicht überfüllt", „Menschen", „Kontakte", „Atmosphäre"), die Infrastruktur zum Sonnen oder die Lärmfreiheit als besonders angenehm genannt. Allerdings spielte die Atmosphäre, die sich am Langener Waldsee in Äußerungen wie „die Ruhe hier im Gegensatz zu Schwimmbädern" (12,1% der Badegäste, 39,2% der Wassersportler und 17,2% der Camper) oder „Es ist nicht so voll" (5,4% der Badegäste, 7,8% der Wassersportler und 3,4% der Camper) artikulierte, auch bei der Gesamtbewertung dieses Sees eine nicht zu vernachlässigende Rolle. Alle übrigen Angaben wie z.B. „FKK-Gelände", „Treffen mit Freunden und Bekannten" oder gar die „Nähe zum Wohnort" fielen - gemessen an der Gesamtzahl der Nennungen - unter die 10 Prozentmarke; die genauen Anteile können der entsprechenden Tabelle im Anhang entnommen werden.

Es ist immerhin bemerkenswert (und deshalb soll es hier auch „expressis verbis" festgehalten werden), dass eine der ursprünglichen Annahmen, wonach das FKK-Gelände als besondere Attraktion des Langener Waldsees einzustufen und deshalb auf der „Positivliste" ganz oben anzusiedeln sei, zumindest anhand der oben dargestellten Befragungsergebnisse nicht bestätigt werden kann. Lediglich 6,2% der Badegäste und 2,0% der Wassersportler bewerteten dieses „Angebot" positiv; für die Camper schien das FKK-Gelände (0,0% der Nennungen) ohne jede Bedeutung zu sein. Die Tatsache, dass die Möglichkeit, am Waldsee „Freunde und Bekannte zu treffen", nur von den Campern, hier aber von immerhin 13,8% der Befragten als besonderer Vorzug des Waldsees genannt wurde, fügt sich vergleichsweise nahtlos in dieses Bild und kann als weiterer Hinweis dafür interpretiert werden, dass die Camper im Vergleich zu den Badegästen und Wassersportlern eine etwas anders geartete Form der Freizeitgestaltung bevorzugen. Sie scheinen zumindest teilweise (und hierfür sprechen auch Faktoren wie die Herkunftsorte, die Aufenthaltsdauern oder die ausgeübten Beschäftigungen (siehe oben)!) den Langener Waldsee als eine Art erweiterten Balkon oder Garten zu nutzen, eine Annahme, die durch die Freude eines Campers über die vorhandene „Nähe zum Wohnort" zusätzliches Gewicht erhält.

Im Hinblick auf die zukünftige Entwicklung des Langener Waldsees dürften diejenigen Äußerungen, die sich auf die diversen Missstände am See beziehen, vielleicht noch aufschlussreicher als die Antworten auf die Frage nach den positiven Eindrücken sein. Da die einzelnen Besuchergruppen aus Gründen, die leicht nachvollzogen werden können, hier ganz unterschiedliche Schwerpunkte setzen, wurde im Rahmen dieser Frage genauer differenziert und - wie z.B. bei den Wassersportlern - explizit nach den Defiziten aus der Sicht der ausgeübten Sportart gefragt (Zur Verteilung der ausgeübten Sportarten vgl. Tabelle im Anhang!). Vor diesem Hintergrund ist es daher kaum verwunderlich, dass sich die Wassersportler in erster Linie über die zu kleine Wasserfläche sowie den Badebetrieb beklagten (37,3% bzw. 29,4%), da sich gerade diese Rahmenbedingungen für die Ausübung ihrer Sportart, also insbesondere das Segeln und Surfen als ausgesprochen hinderlich erweisen. Erstaunlich hoch ist hingegen der Anteil derjenigen (37,3%), die - fast ist man geneigt zu sagen - „ästhetische" Defizite in der Umgebung des Sees wie die Existenz des Kieswerkes, die unzureichenden Grasflächen oder den in ihren Augen allzu kümmerlichen Bewuchs am See bemängelten. Ein weiterer Kritikpunkt der Wassersportler betraf die Klagen über Verunreinigungen, Müll und Dreck (17,6%), ein Missstand, der um so bedenklicher ist, als er auch von den anderen Besuchergruppen angesprochen wurde (Badegäste: 12,1%; Camper: 6,9%). Da durch solche Verhältnisse das Gesamtbild des Sees ausgesprochen negativ berührt wird, sollte hier so schnell wie möglich für Abhilfe gesorgt werden. Störende Rahmenbedingungen wie Naturschutzauflagen, Einschränkungen im Hinblick auf die jeweilige Sportart, die Aufsicht etc. kritisierten rund 7,8% der Wassersportler, während die Verkehrsanbindung - und dies muss als ausdrückliches Lob für die bestehende Situation gewertet werden - von nur einem Befragten beanstandet wurde.

Die Antworten der Badegäste und Camper zeigen ein etwas anders gelagertes Bild: Bei den Badegästen galt ein Schwerpunkt der Kritik dem Zustand der Liegewiese, die infolge einer Verunreinigung durch „Steine" oder „Sand" als wenig einladend empfunden wurde. 22,0% der Badegäste äußerten sich entsprechend, wobei auch diejenigen, die über zu wenig „Schatten am See" (11,9%), das „Wasser" und die „Steine" (7,9%) klagten, dieser Rubrik zugeordnet werden können. Damit erreicht die Zahl derer, die im Hinblick auf die Beschaffenheit der Liegewiese, des Uferbereiches (Strand) und des Wassers und damit bei der „natürlichen" Bade-Infrastruktur Handlungsbedarf sahen, einen Anteil in Höhe von 41,8%. Weitere Nennungen betrafen die Aussicht („Baustelle", „Bagger"), über die 13,6% der Badegäste ihr Missfallen zum Ausdruck brachten, sowie die sanitären Anlagen, ein Kritikpunkt, der von den Campern geteilt wurde (Badegäste: 12,7%; Camper: 13,8%).

Auch der Verkehrsaspekt wurde von einer Reihe der Besucher bemängelt: 5,1% der Badegäste hielten die Anbindung ganz allgemein für unzureichend und weitere 8,8% kritisierten die begrenzten Parkmöglichkeiten („Schranke!"). Dieser Bewertung vermochten sich die Camper, wenn auch mit einem etwas unterschiedlichen Interessenschwerpunkt anzuschließen. Ihnen ging es weniger um die Zugänglichkeit oder die Zahl der Parkplätze denn um die Tatsache, dass zum Abstellen von Wohn- bzw. Campingwagen „feste" und das heißt wohl: „deutlich von einander abgegrenzte (markierte) Stellplätze" fehlen (13,8%). Für den Faktor „Lärmbelästigung" gilt entsprechendes: Während sich die Wassersportler in dieser Beziehung als völlig unproblematisch erwiesen (keine Nennungen!), klagten 4,0% der Badegäste über Motocross-Fahrer, Jet-Skis und den mit einer bestimmten Form des Feierns nun einmal verbundenen Geräuschkulisse („Party-Lärm"). Am lärmempfindlichsten zeigten sich die Camper: 24,1% der Befragten ärgerten sich über „Musik- und Verkehrslärm", was angesichts der „camper-spezifischen" Aufenthaltsgewohnheiten, welche eben auch manchen Abend oder manche Nacht einschließen, nicht weiter zu verwundern braucht. Einige weitere Nennungen bezogen sich auf die „Preispolitik" am Langener Waldsee, wobei entweder der Eintritt oder aber die Preise am Kiosk (10,2% der Badegäste und 3,4% der Camper) als überhöht bewertet wurden. Und zu guter Letzt soll - der Vollständigkeit halber und unter Hintanstellung der vielbeschworenen „political correctness" - noch festgehalten werden, dass von einem der befragten Camper die Anwesenheit „zu vieler Ausländer!" beklagt wurde.

Vergleicht man die Kritik der Badegäste am Langener Waldsee mit den Missständen, die die Besucher am Schultheisweiher anprangerten, werden einige z.T. ganz charakteristische Unterschiede deutlich. So heißt es etwa für den Schultheisweiher: „Kontrastiert wird diese Bewertung durch die negativen Aspekte, die von den Badegästen angeführt werden. Eindeutige Spitzenreiterpositionen nehmen hier der Schmutz auf dem Gelände und das rücksichtslose Verhalten anderer Badegäste ein. Hiermit sind die beiden großen Problemkreise der Freizeiteinrichtung beschrieben. Sehr häufig kommt es durch abendliche und nächtliche Nutzung des Badebereichs außerhalb der beaufsichtigten Badezeiten zu starken Verschmutzungen des Bade- und Liegebereichs. In diesem Zusammenhang werden sehr häufig Glasscherben als Gefährdung angeführt." (WOLF et al. 1997, 74). Es ist als Erfolg für den Langener Waldsee zu verbuchen, dass diese Kritikpunkte, obwohl sie auch genannt wurden, eine insgesamt wesentlich geringere Rolle spielen. Da am Schultheisweiher alle Anteile auf die Gesamtzahl der Nennungen bezogen wurden, ist für einen direkten Vergleich der an den beiden Seen erhobenen Daten eine Umrechnung der Prozentwerte erforderlich. Diese Umrechnung ergibt für die Kategorie „Verschmutzung" am Schultheisweiher einen Wert von 32,4% (Langener Waldsee: 12,1%); für die „Rücksichtslosigkeit anderer Gäste" 32,8% (Zum Vergleich „Lärmbelästigung" am Langener Waldsee: 4,0%), für die „fehlende Infrastruktur" 19,6% (Langener Waldsee: keine Nennungen!), für die „Wasserqualität" 16,4% (Zum Vergleich „Wasser, Steine" am Langener Waldsee: 7,9%) und für die „Mängel der Infrastruktur" 9,6% (Zum Vergleich „sanitäre Anlagen, Duschen, Umkleidekabinen" am Langener Waldsee: 12,7%). Dagegen tauchte ein am Waldsee mit 22,0% der Stimmen recht häufig angesprochener Kritikpunkt bei den Badegästen am Schultheisweiher nur noch auf den hinteren Rängen auf: Den Badebereich kritisierten hier nur 4,6% der Befragten.

2.5.2 Bewertung des Freizeitangebots im einzelnen

Nachdem im vorigen Abschnitt eine eher allgemeine Einschätzung der Situation am Langener Waldsee - so wie sie sich in den Augen der dort befragten Besucher darstellt - diskutiert wurde, soll nun auf die ganz konkrete Zufriedenheit mit bestimmten Angeboten eingegangen werden. Die Vermutung, dass die Antworten auf die Frage: „Wie sind Sie zufrieden mit ...?", bei der insgesamt dreizehn verschiedene Antwortmöglichkeiten mit „ja, sehr", „zufriedenstellend" oder „nein, nicht" bewertet werden sollten, in hohem Maße mit den oben vorgestellten Ergebnissen (Was gefällt Ihnen gut/nicht so gut?) korrespondieren werden, bedarf keiner hellseherischen Fähigkeiten. Der nicht zu unterschätzende Unterschied zwischen diesen beiden Fragestellungen besteht jedoch darin, dass im ersten Fall die völlig offene Formulierung zur Nennung der subjektiv als besonders wichtig empfundenen Aspekte führte, während im zweiten Fall zu einer Reihe vorgegebener Punkte eine Bewertung erfolgen sollte - und zwar unabhängig davon, inwieweit diese angeführten Gesichtspunkte für die Befragten nun persönlich von Belang waren oder auch nicht. Es bleibt abzuwarten, bis zu welchem Grade das aus den folgenden Ergebnissen abzuleitende Gesamtbild des Langener Waldsees mit den im vorigen Abschnitten dargestellten Einstellungen der Besucher zur Deckung zu bringen ist.

Abb. 19: Zufriedenheitsprofil der Besucher des Langener Waldsees

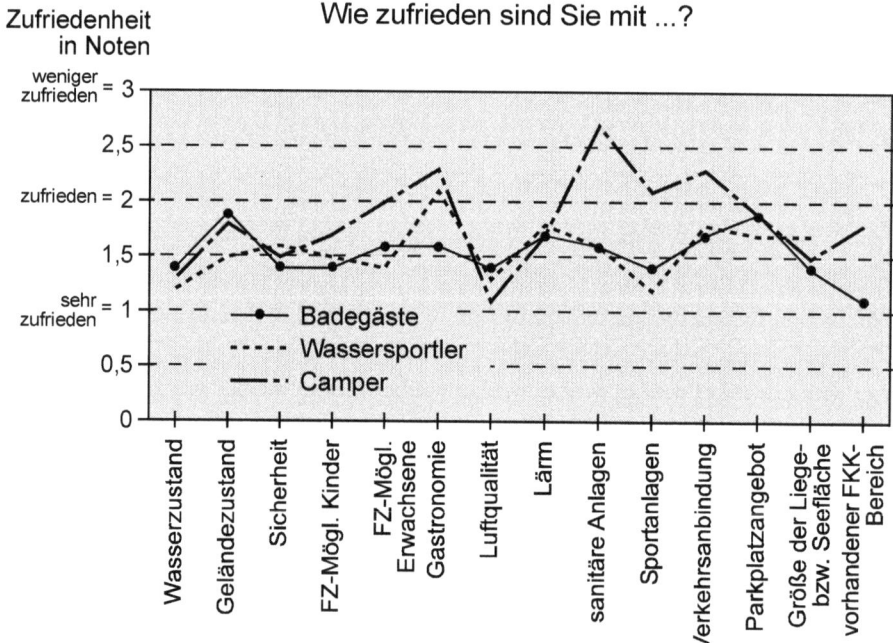

Quelle: Eigene Erhebung 1997

Die Antworten der Befragten auf ihre Zufriedenheit mit den verschiedenen Rahmenbedingungen des Freizeitbetriebs am Langener Waldsee sind sowohl in Tabellenform als auch mittels eines Profils (s. Abb. 19) dargestellt. Aufgrund der zu erwartenden Übereinstimmung mit den oben bereits in aller Ausführlichkeit diskutierten Ergebnissen soll hier nur auf einige Besonderheiten bzw. Auffälligkeiten näher eingegangen werden. Das ausgeglichenste Profil zeigen die Badegäste: Bei insgesamt geringen (Meinungs-)Schwankungen werden der „Geländezustand" (Wertung 1,9), aber auch der „Lärm", die „Verkehrsanbindung" und das „Parkplatzangebot" (Wertungen 1,7; 1,7 und 1,9) am „schlechtesten" bewertet, wobei am „schlechtesten" in diesem Falle nur bedeutet, dass sich die Bewertungen zwischen „sehr gut" (1,0) und „zufriedenstellend" (2,0) bewegen. Einen - auch optisch deutlich hervortretenden - positiven Ausreißer (Fast möchte man sagen „Na, endlich!") bildet der Punkt „FKK-Bereich", der mit einer Wertung von 1,1 den Spitzenplatz belegt. Die Tatsache, dass das FKK-Gelände nun ausgesprochen günstig beurteilt wird, lässt den Schluss zu, dass infolge der bestehenden und sehr eindeutigen Abgrenzung vielen Besuchern die Existenz dieses Bereichs überhaupt nicht bewusst ist, wobei unabhängig davon, ob man sich nun selber als FKK-Anhänger betätigt oder nicht, das Angebot als solches auf unverhohlene Zustimmung stößt. Alle anderen Nennungen - angefangen vom „Wasserzustand", der „Größe der Liegefläche und des Sees", der „Sicherheit" auf dem Gelände über die „Freizeitmöglichkeiten für Kinder" und „Erwachsene", die „Sportanlagen", die „Gastronomie" und die „sanitären Anlagen" bis hin zur „Luftqualität" - bewegen sich mit Wertungen zwischen 1,4 und 1,6 mehr oder minder entlang einer fiktiven Mittellinie (Durchschnitt aller Wertungen seitens der Badegäste: 1,54).

Im Vergleich zu den Badegästen zeigen die Camper ein ausgesprochen sprunghaftes Profil. Sehr zurückhaltende Bewertungen z.T. weit unterhalb der Note „zufriedenstellend" wie bei den „Sportanlagen" (2,1), der „Gastronomie" (2,3), der „Verkehrsanbindung" (2,3) und den „sanitären Anlagen" (2,7) stehen auf der anderen Seite auch positivere Nennungen etwa im Hinblick auf den „Wasserzustand" (1,3) oder die „Luftqualität" (1,1) gegenüber. Die Tatsache, dass vor allem die sanitären Anlagen, mit Einschränkungen aber auch die Gastronomie und die Sportanlagen recht kritisch beurteilt wurden, mag u.a. damit zusammenhängen, dass die Camper im Gegensatz zu anderen Besuchern infolge ihrer längeren Aufenthaltsdauer am See über sehr viel weniger Alternativen, sprich: Ausweichmöglichkeiten verfügen und deswegen auf die vorhandenen Einrichtungen (insbesondere, was die sanitären Anlagen betrifft!) angewiesen sind - und dies unabhängig von ihrer Zufriedenheit mit den dort vorzufindenden „Verhältnissen"! Diese - vor allem in Teilaspekten - deutlich skeptischere Haltung der Camper spiegelt auch der Durchschnitt der Bewertungen wider. Hier lag der über alle Punkte gemittelte Wert bei 1,84 und damit um drei Zehntel unterhalb des Vergleichswertes der Badegäste.

Zwischen den Badegästen und Campern vermitteln die Wassersportler, die zwar ein sehr viel ausgeglicheneres Profil als die Camper aufzuweisen haben, auf der anderen Seite aber auch vom „Gleichmut" der Badegäste noch weit entfernt sind. Die negativste Wertung erhielt hier die „Gastronomie" (2,1) gefolgt von der „Verkehrsanbindung" und dem „Lärm" (jeweils 1,8) sowie der „Größe der Liege-

/Seefläche" und dem „Parkplatzangebot" (jeweils 1,7). Vor allem bei den Faktoren „Verkehrsanbindung/Parkplatzangebot" sowie der „Größe der Seefläche" (denn diese ist es wohl, die den Wassersportlern auf dem See „zu schaffen" macht!) handelt es sich um Kritikpunkte, die im Rahmen der bisherigen Ausführungen schon wiederholt angeklungen sind. Dagegen werden die „Freizeitmöglichkeiten für Erwachsene", die „Luftqualität", der „Wasserzustand" und die Sportanlagen mit Wertungen zwischen 1,4 und 1,2 entschieden positiver beurteilt, wobei davon auszugehen ist, dass die günstige Bewertung der Freizeitmöglichkeiten und der Sportanlagen auch auf die entsprechenden Voraussetzungen zur Ausübung des Wassersports innerhalb des Vereinsgeländes zurückgeführt werden kann. Der Durchschnitt aller Wertungen betrug bei den Wassersportlern 1,57 und lag damit - wie aufgrund des Profils auch nicht anders zu erwarten war - zwischen den entsprechenden Werten der Badegäste (1,54) und der Camper (1,84).

Obwohl den Badegästen am Schultheisweiher eine fast identische Frage gestellt wurde, können die dort erfassten Angaben infolge anderer Berechnungsmodalitäten den hier skizzierten Ergebnissen nicht direkt gegenübergestellt werden. Um nämlich am Langener Waldsee die Vergleichbarkeit zwischen den einzelnen Besuchergruppen sicherzustellen, wurde bei der statistischen Auswertung der Weg über eine Umsetzung in Noten (1=sehr zufrieden, 2=zufrieden, 3=unzufrieden) und die anschließende Berechnung von Durchschnittswerten gewählt, während am Schultheisweiher die Prozentanteile der Badegäste, die auf die drei Kategorien „sehr zufrieden", „zufrieden" und „unzufrieden" entfielen, ermittelt wurden. Immerhin kann festgehalten werden, dass auch am Schultheisweiher „die Sauberkeit des Geländes (...) in dieser Liste den am negativsten beurteilten Sachverhalt (bildet). Nur 14,2% der Befragten halten sie für gut, 61,6% für zufriedenstellend und 21,9% für nicht zufriedenstellend." (WOLF et al. 1997, 72). Dieses Ergebnis korrespondiert mit der ausgesprochen kritischen Bewertung der Waldsee-Besucher in der gleichen Frage: Auch hier erhielt der „Geländezustand" - allerdings gemeinsam mit dem „Parkplatzangebot" - die schlechteste Wertung (1,9). Im Hinblick auf die übrigen Punkte der Liste ist ein Vergleich zwischen den beiden Seen schlechterdings nicht möglich. Dabei liefert das am Schultheisweiher getroffene Fazit: „Deutlich polarisierter fällt das Urteil über die Verkehrserschließung aus, die zwar von 26,9% der Befragten als nicht befriedigend, aber ebenfalls von 28,8% der Befragten als gut beurteilt wird. 31,3% der Befragten hielten sie für zufriedenstellend." den entscheidenden Hinweis auf eine „Schwäche" der Auswertungsmodalitäten am Langener Waldsee. Die Bildung eines Mittelwertes ermöglicht zwar die Vergleichbarkeit zwischen den verschiedenen Besuchergruppen, „versteckt" aber auch die „Ungleichgewichte" innerhalb jeder einzelnen Gruppe.

Zusätzlich zu diesen Ergebnissen wurden die am Langener Waldsee angesprochenen Fußgänger und Radfahrer noch um eine Bewertung der Wege hinsichtlich Zustand und Ausstattung gebeten. Dabei zeigte sich, dass die überwiegende Mehrheit dieser beiden Personengruppen mit den diesbezüglichen Verhältnissen zufrieden war: 81,5% der Fußgänger und 81,9% der Radfahrer äußerten ihre Zustimmung (Nennung „positiv"), was die hierfür Verantwortlichen sicher als Erfolg für ihre Bemühungen verbuchen dürfen. Am unteren Ende der Skala (Nennung „negativ") erwiesen sich hingegen die Fußgänger als die kritischeren Nutzer: 14,8% war mit Zustand und Ausstattung der Wege nicht zufrieden; bei den Radfahrern betrug dieser Anteil lediglich 3,7%. Der Rest der Stimmen gehörte den Unentschlossenen; 3,7% der Fußgänger und 12,3% der Radfahrer waren mit den Wegen am See „teils/teils" zufrieden.

Zum Abschluss dieses Kapitels soll noch kurz auf einige besondere Problembereiche hingewiesen werden, die sich vielleicht am besten mit den Begriffen „Überfüllung des Sees", „Sicherheit auf dem Gelände" und Konflikte mit anderen Nutzern" charakterisieren lassen. In bezug auf das Problem der Überfüllung kann ähnlich wie am Schultheisweiher festgestellt werden, dass die Bewertung des Freizeitwertes eines Badesees auch von dem - recht subjektiven - Gefühl „Zu viele Menschen!" beeinflusst wird. „Die Attraktivität von Freizeitarealen vermindert sich sehr stark, wenn sie von so vielen Nutzern besucht werden, dass der Eindruck der Überfüllung entsteht. Gerade in bezug auf die positiven, mit dem Schultheisweiher verbundenen, Eigenschaften, wie die natürliche Ausstattung an Flora und Fauna, den Raum zum Baden und Sonnenbaden und die Lärmfreiheit ist festzuhalten, dass diese durch eine Überfüllung des Bade- und Liegebereichs des Sees sehr bald ihren Freizeitwert verlieren." (WOLF et al. 1997, 79). Wenngleich die Bedeutung der natürlichen Ausstattung, der Stellenwert des Naturschutzes und die damit verbundenen Einschränkungen bei der Nutzung des Langener Waldsee etwas weniger offensichtlich im Vordergrund stehen als am Schultheisweiher, lassen sich die hier zitierten Bemerkungen doch grundsätzlich auf die Verhältnisse am Waldsee übertragen.

Am Langener Waldsee reagierten die Wassersportler mit Abstand am empfindlichsten auf eine mögliche Überfüllung: 43,1% gaben an, dass nach ihrer Meinung der See zumindest teilweise überbelegt sei, während 37,3% hierin kein Problem erkennen konnten. Für die Badegäste und die Camper kehrte sich dieses Verhältnis fast um: 36,7% der Badegäste und 37,9% der Camper gaben zu Protokoll, schon Anzeichen der Überfüllung registriert zu haben; 50,0% bzw. 62,1% verneinten dies. Der Vergleich mit dem Schultheisweiher zeigt, dass die dortige Situation von den Badegästen - trotz der durch Zählungen ermittelten eher mäßigen Belegung des Liege- und Badebereiches - als ungünstiger eingeschätzt wurde: 47,9% fühlten sich durch zu viele Besucher gestört; 37,4% konnten keine Überfüllung des Weihers erkennen. Möglicherweise sind diese Unterschiede auf persönliche Toleranzgrenzen zurückführen: „Dies zeigt, dass die Bewertung der Nachfrage einer Freizeiteinrichtung die unterschiedlichen Ansprüche der Nutzer berücksichtigen muss. Ist für den einen Nutzer eine Überfüllung erst dann gegeben, wenn zwischen den Liegenden kein Platz mehr ist, um schnellen Schrittes ins Wasser zu gelangen, so ist für den anderen Nutzer eine entspannende Erholung nur denkbar, wenn sich benachbarte Besuchergruppen außer Hörweite befinden." (WOLF et al. 1997, 79f.).

Unabhängig davon, ob die hier aufgeführten Zahlen nun die „Befindlichkeiten" der zum Zeitpunkt der Befragung zufällig an den Seen weilenden Besucher widerspiegeln oder nicht, dürften auch noch andere Gründe für die oben skizzierte Verteilung maßgeblich sein. Bei den Wassersportlern am Waldsee wird das Gefühl der Überfüllung - und darauf wurde wiederholt schon hingewiesen! - mit der für die hier ausgeübten Sportarten (Segeln, Surfen) relativ knapp bemessenen Wasserfläche zusammenhängen, wobei die bestehenden „Reglementierungen" zum Schutze anderer Nutzer als ergänzender Faktor hinzukommen werden. Desweiteren ist zu berücksichtigen, dass sich der Waldsee im Gegensatz zum Schultheisweiher durch etwas aktivere Verhaltensweisen seiner Besucher auszeichnet. Sport und Spiel nehmen bei den Badegästen einen größeren Raum ein als am Schultheisweiher, wo z.B. das „Lesen", die „Natur genießen" und damit sehr viel „störanfälligere" Beschäftigungen im Gesamtspektrum der Tätigkeiten einen ganz anderen Stellenwert hatten. Außerdem kann nicht ausgeschlossen werden, dass am Langener Waldsee die an einigen Tagen der Befragungswoche überaus ungünstigen (um nicht zu sagen: „miserablen") Wetterbedingungen die Antworten mancher Besucher beeinflusst haben. Die zu diesen Zeitpunkten zu beobachtende „gähnende Leere" im und am See war dazu geeignet, jeden Gedanken an eine Überfüllung des Geländes in das Reich der Utopie zu verweisen.

Die Antworten auf eine entsprechende Rückfrage, zu welchen Zeiten denn solche Phasen der Überfüllung am Langener Waldsee auftreten würden, reduzierten diese auf die Schönwetterperioden (16,4% der Badegäste, 9,8% der Wassersportler und 31,0% der Camper) sowie die Wochenenden (24,6%, 3,9% resp. 31,0%). Es ist bezeichnend, dass am Schultheisweiher auch noch Nennungen wie „Sommersaison" und „Ferien" hinzukamen, wobei infolge unterschiedlicher Berechnungsmodalitäten (siehe oben) die genaue Prozentanteile an den beiden Seen nicht miteinander verglichen werden können. Immerhin gaben 22,9% der Badegäste (Schultheisweiher zum Vergleich: 58,1%!), 15,7% der Wassersportler und 6,9% der Camper am Langener Waldsee an, dass „zu viele Menschen am See" ihr Verhalten beeinflussen würden: 18,4% der Badegäste, 3,9% der Wassersportler und 6,9% der Camper erklärten, in solchem Falle von vorneherein auf einen Besuch zu verzichten; weitere 5,4% der Badegäste und 11,8% der Wassersportler fühlten sich gestört - mit allen sich hieraus ergebenden negativen Konsequenzen.

Ein zweiter - möglicher - Problemschwerpunkt betrifft die Sicherheit auf dem Gelände. Auf eine diesbezügliche Frage antwortete die überwältigende Mehrheit der Besucher, nämlich 91,0% der Badegäste (Schultheisweiher zum Vergleich: 86,8%), 88,2% der Wassersportler und 86,2% der Camper, dass sie sich am Langener Waldsee sicher fühlen würde. Selbst die Badegäste im FKK-Bereich, denen man in dieser Hinsicht eine besonders große Sensibilität unterstellen darf, äußerten keine weiteren Bedenken: 90,0% der „FKK-ler" waren mit den bestehenden Verhältnissen zufrieden; lediglich 10,0% - und damit ein Anteil, der verglichen mit den Werten der übrigen Personengruppen durchaus „im Rahmen" liegt - neigten zu einer etwas skeptischeren Einstellung. Die Gründe für diese insgesamt sehr positive Resonanz auf die derzeitige Situation am See variieren jedoch (z.T. in Abhängigkeit von der befragten Besuchergruppe!): Bei den Badegästen wurden vor allem die „Aufsicht/Bewachung" (28,5%) sowie die „vernünftigen Leute/keine Belästigungen" (28,2%) begrüßt. Weitere Nennungen betrafen die „Einzäunung des Geländes", die von 13,6% der befragten Badegäste als Argument angeführt wurde. Hierbei handelt es sich um einen Sicherheitsfaktor, der auch von den Wassersportlern (43,1%) sehr häufig genannt wurde, wofür u.a. der Gedanke an den Schutz vor Diebstählen oder Beschädigungen (Vandalismus!) der Sportgeräte ausschlaggebend sein dürfte. Die Überlegung, dass das „Fehlen von Belästigungen" und die Anwesenheit „vernünftiger Leute" einen ungefährdeten Aufenthalt garantieren, vertraten hingegen 23,5% der Wassersportler, eine Auffassung, der sich auch 24,1% der Camper anzuschließen vermochten. 55,2% bzw. 27,6% der Camper fühlten sich aufgrund der vorhandenen „Aufsicht und Bewachung" sowie der „Einzäunung des Geländes" sicher - auch das eine Einstellung, die gerade bei dieser Personengruppe leicht nachvollziehbar ist.

Noch einhelliger fiel das entsprechende Urteil der Fußgänger und Radfahrer aus: Erfreuliche 88,9% bzw. 85,2% dieser Personengruppen gaben an, sich am Langener Waldsee sicher zu fühlen. Und bestreiten wollte dies ohnehin niemand: Keiner der befragten Fußgänger oder Radfahrer (0,0% bzw. 0,0%!) klagte in puncto Sicherheit über Mängel; die noch fehlenden Nennungen müssen der Kategorie „Keine Angabe" zugeordnet werden. Besonders interessant ist jedoch in beiden Fällen die von den Befragten vorgetragenen und z.T. sehr unterschiedlichen Gründe für diese Einstellung: 29,6% und damit der größte Teil der Fußgänger gaben als Erklärung „Wenig Betrieb!" an, entsprechende 31,0% der Radfahrer führten hingegen das Argument „Viel Betrieb!" ins Feld. Immerhin konnte bei den übrigen Kategorien eine etwas größere Übereinstimmung erzielt werden: 11,1% der Fußgänger und 13,5% der Radfahrer beriefen sich zur Begründung ihrer Antwort auf die „Einzäunung des Geländes", weitere 14,8% der Fußgänger und 9,0% der Radfahrer nannten die vorhandene „Aufsicht" oder die Anwesenheit des DLRG/Rettungsdienstes (7,4% bzw. 8,4%) als Grund für ihr Vertrauen in die Situation am See. Darüber hinaus spielte bei 17,4% der Radfahrer (Fußgänger: 3,7%) das Argument „Keine Belästigung" noch eine größere Rolle.

Über diesen sehr positiven Rückmeldungen sollten aber auch die Klagen derjenigen (9,0% der Badegäste, 11,8% der Wassersportler und 13,8% der Camper), die im Hinblick auf die Sicherheit am See ihre Bedenken anmeldeten, nicht vergessen werden. Da im Falle „Langener Waldsee" nach den Gründen der bestehenden „Ängste" nicht gefragt wurde, muss an dieser Stelle offen bleiben, ob die Befragten nun lediglich ein sehr subjektives und möglicherweise nicht begründetes Unsicherheitsgefühl artikulierten oder ob etwa konkrete Anlässe am See zu dieser Einschätzung geführt haben mögen. Nichtsdestotrotz sollten diesbezügliche Klagen und Beschwerden der Betroffenen sehr ernst genommen werden.

Zum Abschluss dieses Abschnitts soll noch kurz auf den Punkt „Konflikte mit anderen Nutzern des Sees" hingewiesen werden, ein Aspekt, der am Langener Waldsee durch die Anwesenheit ganz unterschiedlicher Besuchergruppen mit ihren je eigenen Interessen, Wünschen und Bedürfnissen nicht von der Hand zu weisen ist. Erfreulicherweise waren diejenigen Besucher, die hier Probleme sahen, in der Minderheit: Lediglich 7,3% der Badegäste, 29,4% der Wassersportler und 10,3% der Camper (Fußgänger: 11,1%; Radfahrer: 5,8%) äußerten sich entsprechend, wobei der vergleichsweise hohe Anteil der Wassersportler, die sich über Konflikte beklagten, auf die bereits weiter oben angeführten Gründe (knapp bemessene Wasserfläche, Einschränkungen zum Schutze anderer Nutzer) zurückgeführt werden kann. Die Tatsache, dass sich auch einige Camper durch andere Waldsee-Besucher gestört fühlten, mag vor allem mit der besondere Form ihres Aufenthalts zu erklären sein: Schon die Dauer ihres Aufenthalts (mehrere Tage, z.T. Wochen) erhöht die Wahrscheinlichkeit von Störungen jedweder Art. Immerhin - und dies soll ausdrücklich festgehalten werden - betonten 90,7% der Badegäste, 68,6% der Wassersportler und 89,7% der Camper ihr konfliktfreies Verhältnis mit den anderen Nutzergruppen am See. Bei den Fußgängern belief sich dieser Anteil auf 88,9%, bei den Radfahrern auf 94,2%.

Die Art der bestehenden Konflikte ist - differenziert nach den verschiedenen Besuchergruppen - den Tabellen im Anhang zu entnehmen. Die Badegäste beklagten sich vor allem über die „Lärmbelästigung" (2,3%), „Wasserfahrzeuge" (1,1%) und „Spanner" (1,1%), eine Einschätzung, die von den Campern („Lärmbelästigung" (2,0%), „Ausländer" (2,0%); „Spanner" (2,0%)), aber auch von den Fußgängern ((„Lärmbelästigung" (3,7%), Wasserfahrzeuge (3,7%) und Hunde (3,7%)) weitgehend geteilt wurde. Bei den Wassersportlern ergab sich - wie erwartet - ein etwas anderes Bild: Hier „häufen" sich die Beschwerden über „Badegäste" (11,8%), „Bootsfahrer" (7,8%) sowie „Angler" und „illegale Nutzer" (jeweils 5,9%), während die Radfahrer vor allem mit der „Belästigung durch Hunde" (3,9%) ihre Probleme hatten. Allerdings muss an dieser Stelle auch betont werden, dass es sich bei den zitierten Angaben - und darauf deuten die genannten Prozentwerte schon hin! - um die Klagen einiger weniger und somit um Einzelfälle handelt, die insgesamt gesehen nicht überbewertet werden sollten. Nichtsdestotrotz sind solche Äußerungen dazu geeignet, Hinweise auf ganz konkrete Schwierigkeiten zu liefern, die im Rahmen der zukünftigen Entwicklung des Langener Waldsees berücksichtigt werden müssen.

Vor dem Hintergrund der hier dargestellten Meinungsäußerungen, Bewertungen und Urteile ist auch die Frage an die Besucher des Langener Waldsees „Haben Sie Verbesserungsvorschläge?" zu sehen, die zu einem großen Teil die bereits angesprochenen Kritikpunkte noch einmal aufgreifen: So konzentrieren sich die Vorschläge der Badegäste auf Verbesserungen der Liegefläche (29,4% der Nennungen), den Gesamtkomplex „Landschaft, Umwelt, Lärm" (16,7%), Fragen der Erreichbarkeit einschließlich des Parkplatzangebotes (16,4%) sowie die sanitären Anlagen (14,7%). Aber auch Vorschläge bzgl. des Freizeitangebots (9,6%) oder der Gastronomie/Versorgung (6,2%) wurden häufiger genannt. Hierbei ist zu berücksichtigen, dass sich hinter diesen „Überschriften" eine Vielzahl verschiedener Einzelaspekte verbirgt, die etwa - um nur ein Beispiel aufzuführen - bei der „Liegefläche" die Punkte „Notwendigkeit von Schattenplätzen", „Verbesserung der Wiese", die „Einrichtung eines Sandstrandes", das „Entfernen der Steine in Sand und Wasser" sowie die „Vergrößerung der Liegewiese" umfassen. Um daher das ganze Spektrum der Meinungen und Vorschläge adäquat erfassen zu können, wurden die in den verschiedenen Kategorien zusammengefassten Äußerungen hinter den entsprechenden Tabellen im Anhang noch einmal ausführlich aufgelistet. Die genauen Antworten der Besucher können diesen Übersichten entnommen werden.

Die Wassersportler müssen nach wie vor als die „Ästheten" unter den Besuchern des Langener Waldsees angesehen werden. 37,3% der Nennungen galten Vorschlägen zur Verschönerung des Geländes und der Umgebung; weitere 11,8% forderten bessere Kontrollen. Alle übrigen Punkte - wie z.B. eine bessere Verkehrsanbindung (5,9%), bessere oder mehr Parkmöglichkeiten (3,9%), intensivere Kontrollen (3,9%) und eine aktivere Werbung (3,9%) - wurden nur von wenigen der Befragten genannt. Das Hauptinteresse der Camper galt hingegen der Verbesserung bzw. Verschönerung der sanitären Anlagen (27,6%), ein Wunsch, der im Rahmen der bisherigen Ausführungen schon wiederholt angeklungen und gerade bei dieser Besuchergruppe besonders verständlich ist. Darüber hinaus wurden Vorschläge zur Parkplatzsituation (Feste Stellplätze: 17,2%; spezielle Parkplätze für Camper: 13,8%) sowie zur Ver-/Entsorgung (Versorgungsanschlüsse: 10,3%; Müllentsorgung: 10,3%) geäußert - auch dies Hinweise, die gerade von Seiten der Camper mehr als berechtigt erscheinen.

Die Fußgänger und Radfahrer wünschten sich dagegen - ebenso wie die Badegäste - deutliche Verbesserungen der Liegefläche (18,5% bzw. 16,8%); weitere Vorschläge galten der Gastronomie (Fußgänger: 25,9%; Radfahrer: 2,6%) sowie den sanitären Anlagen, die 7,4% der Fußgänger und 10,3% der Radfahrer für verbesserungsbedürftig hielten. Darüber hinaus spielten bei den Radfahrern auch noch die Eintrittspreise (5,8%), die Erreichbarkeit des Langener Waldsees (5,2%) sowie das Freizeitangebot und die Landschaft (jeweils 3,9%) eine gewisse Rolle, Punkte, die von den Fußgängern nur mehr vereinzelt genannt wurden (Erreichbarkeit: 3,7% der Fußgänger; Landschaft: 3,7% der Fußgänger).

Möglicherweise werden diese Vorschläge im Rahmen der Planungen des Umlandverbandes Frankfurt am Main, der in Zusammenarbeit mit der Stadt Langen und der Gemeinde Egelsbach „das Freizeitangebot im Erholungsgebiet Langener Waldsee verbessern und den durch Kiesabbau entstandenen Landschaftsschaden beseitigen" will, wenigstens zum Teil berücksichtigt werden können (vgl. Aussagen des Umlandverbandes Frankfurt am Main, August 1996). Es ist daher sehr bedauerlich, dass auf diese Planungen angesprochen die Mehrheit aller Befragten - angefangen bei den Badegästen über die Wassersportler und Camper bis hin zu den Fußgängern und Radfahrern - ihre Unkenntnis bekundete: 83,1% der Badegäste und 83,2% der Radfahrer gaben an, von derartigen Überlegungen nichts zu wissen. Bei den Fußgängern betrug dieser Anteil 74,1%, bei den Wassersportlern und Campern immerhin noch 58,8% bzw. 58,6%. Aber selbst diejenigen Befragten, die zugaben, informiert zu sein, äußerten gegenüber den ihnen bekannten Planungen eine allenfalls gemischte Meinung. Zwar war - von den Fußgängern einmal abgesehen - die Zahl der Skeptiker (Nennung „negativ") in der Minderheit (Badegäste: 16,9%; Wassersportler: 15,0%; Camper: 16,7%; Radfahrer: 19,2%); doch verteilte sich der Rest der Stimmen relativ gleichmäßig auf die Kategorien „positiv" und „teils/teils" - ein Ergebnis, das im Hinblick auf die Informationspolitik und mehr noch: auf die Überzeugungsarbeit (mit dem Ziel einer Umsetzung der vorliegenden Planungen!) einigen Handlungsbedarf offenbart.

3. Zusammenfassung

In Anbetracht der mitunter vorhandenen Notwendigkeit, sich als Leser dieses Berichts einen raschen Überblick über die einzelnen Inhalte verschaffen zu müssen, soll nun versucht werden, ein eher stichwortartiges Resümee der bisherigen Ergebnisse und der auf dieser Basis wünschenswerten Maßnahmen zur zukünftigen Entwicklung des Sees zu leisten:

I. Sozio-demographische und -ökonomische Merkmale

- Die Differenzierung nach **Geschlecht** ergibt nicht in allen Fällen das erwartete ausgeglichene Verhältnis. Lediglich bei den Badegästen und Campern halten sich die Abweichungen vom statistischen Durchschnitt in Grenzen (Gründe: Erhebungstechnische Besonderheiten, geringer Stichprobenumfang bei einzelnen Gruppen, „geschlechtsspezifische" Aktivitäten am See).

- Tendenziell ist bei allen Besuchergruppen eine relativ starke Besetzung der mittleren Jahrgänge festzustellen, wobei ausgehend von ganz unterschiedlichen Maximalwerten in den Kategorien „21-30jährige", „31-40jährige" und „41-50jährige" die Anteile der Befragten je **Alters**klasse zu den Rändern hin kontinuierlich abnehmen (Ausnahmen: Wassersportler, wo die 31-40jährigen eher unterrepräsentiert sind; Fußgänger und Radfahrer mit hohen Anteilen bei den älteren Jahrgängen). Bei den Badegästen waren auch junge Leute noch sehr häufig vertreten. (Gründe: Besonderheiten der Befragung (s.o.), Freizeiteinrichtungen als Domäne eher jüngerer oder mittlerer Altersgruppen, Ausstattungsmerkmale des Langener Waldsees).

- Im Hinblick auf **Haushalt** und **Familiengröße** spiegeln die vorliegenden Daten im wesentlichen die in großstädtischen Verdichtungsräumen verbreiteten Strukturen wider: Bei allen Besuchergruppen dominieren mit Anteilen von weit über 30, z.T. sogar über 50 Prozent die Zweipersonenhaushalte meist gefolgt von den Ein- bis Dreipersonenhaushalten (Ausnahme: Wassersportler mit einem hohen Anteil an Vierpersonenhaushalten). Beim Familienstand ergibt sich eine eher uneinheitliches Bild: Badegäste und Fußgänger (Altersstruktur!) lebten überwiegend allein; die übrigen Besuchergruppen gaben mehrheitlich an, mit einem Partner zu leben.

- Auf die Frage nach der **Schulbildung** konnte die Mehrheit der Befragten auf einen ausgesprochen qualifizierten Abschluss hinweisen. Bei Fußgängern (knapp 45 Prozent) und Wassersportlern (knapp 35 Prozent) waren Hochschulabschlüsse häufig vertreten; bei den Campern (ungefähr 35 Prozent) dominierten die Hauptschüler. Zwischen diesen Gruppen vermittelten die Badegäste und Radfahrer mit einem hohen Anteil von Realschülern (Radfahrer (30 Prozent)) und Abiturienten (Badegäste (knapp 30 Prozent)). Sowohl die **Einkommen**sverhältnisse (hohe Verweigerungsquoten!) als auch die Verteilung der erlernten und ausgeübten **Berufe** fügen sich erstaunlich harmonisch in dieses Bild.

- Hinsichtlich der **Wohnverhältnisse** der Befragten herrschen sehr homogene Bedingungen vor: Unangefochtener Spitzenreiter war die Mietwohnung (mit sehr hohen Anteilen bei den Campern (knapp 70 Prozent), Badegästen und Fußgängern (über 50 Prozent)) gefolgt vom eigenen Haus, wo die Radfahrer und Wassersportler noch recht „stattliche" Anteile (rund 30 Prozent) aufzuweisen hatten. Auch diese Bedingungen korrespondieren in einem erstaunlichen Maße mit den übrigen soziodemographischen Merkmalen (Altersstruktur, Einkommensverhältnisse).

II.   Einzugsbereich, Erreichbarkeit und Verkehrsmittelwahl

- Die Mehrzahl der Befragten kam aus der unmittelbaren Umgebung des Sees, also aus Frankfurt am Main und Langen, was insbesondere für die Camper nicht selbstverständlich ist (Aufenthaltsdauer!). Die jeweiligen Anteile lagen meist über 50, z.T. weit über 60 Prozent. Zum weiteren **Einzugsbereich** gehören die an diesen Kernbereich angrenzenden Regionen, wobei die südwestlich von Frankfurt bzw. Langen gelegenen Städte und Gemeinden eine gewisse Vorrangstellung einnehmen (Grund: Abschirmende Wirkung der Großstadt). Der nordöstlich an den Verdichtungskern Frankfurt/Offenbach anschließende Raum spielt als Herkunftsgebiet für die Besucher des Langener Waldsees eine eher untergeordnete Rolle, wobei mit zunehmender Entfernung das Gesamtbild diffuser wird. In der Tendenz sind jedoch auch in den Randgebieten des Einzugsbereiches die eher westlich gelegenen Städte und Gemeinden im Vergleich zu ihren östlichen „Pendants" bevorzugt.

- Bei der Abgrenzung der Einzugsbereiche ist zu berücksichtigen, dass der **Aktionsradius der Fußgänger und Radfahrer** im Vergleich zu den übrigen Gruppen, die nahezu ausschließlich mit dem eigenen PKW anreisten, sehr viel geringer ist. Dieser Umstand spiegelt sich in einem knapper bemessenen Einzugsgebiet wider. Eine Ausnahme bilden diejenigen Fußgänger und Radfahrer, die den Langener Waldsee mittels PKW oder öffentlichen Verkehrsmitteln eigens zu dem Ziel ansteuerten, von dort aus einen Spaziergang oder eine Radtour zu unternehmen.

- Die Vermutung, dass der Besuch des Langener Waldsees nur ein Glied in einer verschiedene (Freizeit-)Aktivitäten umfassenden **Handlungskette** darstellt, lässt sich anhand der vorliegenden Befragungsergebnisse nicht bestätigen. Die weitaus überwiegende Mehrheit aller Befragten gab an, direkt von der eigenen Wohnung aus an den See gekommen zu sein;

- Die an verschiedenen Wochentagen zur **zeitlichen Differenzierung des Einzugsbereichs** durchgeführte Erfassung der PKW-Kennzeichen bestätigt die oben genannten Ergebnisse. Zwar deuten einige Anzeichen darauf hin, dass an Sonntagen von den Besuchern etwas längere Anreisezeiten in Kauf genommen werden, doch lassen sich über diese Tendenzaussage hinaus zwischen den einzelnen Wochentagen (Woche/Wochenende) keine gravierenderen Unterschiede feststellen.

- Im Hinblick auf den **zeitlichen Aufwand** zum Erreichen des Sees ist festzustellen, dass die Mehrheit aller befragten Besucher kaum mehr als 20 bis 30 Minuten für den Weg zum See brauchte. Unterhalb dieser Grenze bleiben über 70 Prozent der Badegäste, über 90 Prozent der Wassersportler und fast zwei Drittel der Camper, was zumindest für die Camper ein erstaunliches Ergebnis bedeutet (Vermutung: Der Campingplatz dient bei der Gestaltung des Feierabends oder Wochenendes als Gartenersatz!). Anfahrtszeiten von mehr als einer Stunde fallen kaum ins Gewicht.

- Bei der Anreise zum See nimmt das **Verkehrsmittel „PKW"** die unangefochtene Spitzenstellung ein. Über zwei Drittel der Badegäste und mehr als 80 Prozent der Wassersportler und Camper kamen mit dem Auto. An zweiter Stelle, aber weit abgeschlagen, folgt das Fahrrad. Der ÖPNV, „zu Fuß" oder das Motorrad spielen mit Anteilen z.T. weit unterhalb der 5 Prozent-Marke kaum mehr eine Rolle (Gründe: Bequemlichkeit, Transport von Gepäck, lange Anreise und: Mängel der ÖPNV-Anbindung!)

- Die Einschätzung der **Erreichbarkeit** mittels der verschiedenen Verkehrsmittel fällt entsprechend aus. Am besten wird der PKW (Grund: Zugänglichkeit, Parkplätze) und mit einigem Abstand noch das Fahrrad bewertet. Die Möglichkeiten, den Waldsee zu Fuß oder mit öffentlichen Verkehrsmitteln zu erreichen, werden entschieden schlechter beurteilt.

III. Zeitliche und räumliche Nutzungsmuster

- Die zeitlichen und räumlichen Nutzungsmuster werden durch die näheren **Begleitumstände des Aufenthalts** am See beeinflusst: Über 70, z.T. über 80 Prozent der Befragten gaben an, den Langener Waldsee von früheren Besuchen her zu kennen. Den höchsten Anteil der „**Neuankömmlinge**" haben die Badegäste mit rund 20 Prozent aufzuweisen (Grund: Im Vergleich zu den Wassersportlern und Campern eine weniger von Gewohnheiten und Kenntnis der Verhältnisse vor Ort geprägte Bindung an den See!).

- Über drei Viertel der befragten Badegäste und Wassersportler und fast 90 Prozent der Camper waren nicht allein an den See gekommen. Als **Begleitpersonen** wurden in den meisten Fällen Partner und Freunde genannt; Familienmitglieder wie Eltern, Kinder und Geschwister spielen eine wesentlich geringere Rolle.

- Bei der **Dauer des Aufenthalts** haben - wie erwartet - die Camper die längsten Zeiträume aufzuweisen, wobei jedoch eine deutliche Polarisierung (1-2 Tage (Wochenendcamper) versus mehrere Wochen (Urlaubscamper)) auftritt. Die Aufenthaltsdauern der Badegäste und Wassersportler bemessen sich eher in Stunden; 3-5 Stunden oder gar über 5 Stunden stellten aber auch hier weniger die Ausnahme denn die Regel dar (Grund: Aufwand zur Bereitstellung des Sportgeräts (Wassersportler); vielfältige Freizeitangebote am See mit einem dementsprechend breiten Aktivitätenspektrum (z.B. Badegäste)).

- Im **Wochenverlauf** zählt das Wochenende zu den bevorzugten Aufenthaltszeiten der Badegäste und Wassersportler (über 60 bzw. knapp 90 Prozent), gefolgt vom Freitag und den übrigen Wochentagen. Erfreulich hoch ist der Anteil derjenigen, die auch während des Urlaubs/der Schulferien an den See kamen.

- In bezug auf die **Regelmäßigkeit des Aufenthalts** am See erweisen sich die Wassersportler als die zuverlässigsten Besucher. Sie konnten selbst bei Badewetter in den Kategorien „täglich", „mehrmals pro Woche", „einmal pro Woche", „mehrmals pro Monat" z.T. wesentlich höhere Prozentanteile als die Badegäste für sich verbuchen. Bei Nicht-Badewetter fiel der Vorsprung sogar noch deutlicher aus! (Grund: Vereinsbindung; geringere Flexibilität im Vergleich zu den Badegästen). Aber auch bei den Badegästen darf die Bedeutung des Stammpublikums nicht unterschätzt werden (44 Prozent kommen mindestens einmal pro Woche!).

- Die **räumliche Verteilung der verschiedenen Nutzungen** ist u.a. der Abbildung 16 zu entnehmen: Sie konzentrieren sich - von der Wasserfläche einmal abgesehen - auf das am nordöstlichen Ufer positionierte Strandbad (einschließlich FKK-Bereich und Zeltplatz) sowie das Vereinsgelände der Wassersportvereine am Nordweststrand des Sees zur B44 hin. Davon unabhängig sind im Umfeld des Sees eine Reihe z.T. illegaler Nutzungen zu beobachten: Wildbader am Ostteil des Sees, zur Homosexuellenszene zuzurechende Personen, Angehörige bestimmter sozialer Schichten mit Kampfhunden und Waffen sowie Motocross-Fahrer und Mountainbiker in einem mit Hügeln und Sandlöchern durchsetzten Gebiet nordöstlich des Sees.

- Auf den genauen Verlauf ihres **Weges** angesprochen dominieren **bei den Fußgängern** Äußerungen wie „Rund um den See!"/"Am See entlang!"; in anderen Fällen dient der See von verschiedenen Ausgangspunkten her kommend als Ziel eines Spazierweges. Bei den Radfahrern kommt unabhängig von solchen Nennungen noch eine Gruppe von Personen hinzu, für die der Langener Waldsee eine von mehreren Stationen einer längeren und mitunter über „Dutzende von Kilometern" reichende Route darstellt. Die **Routen der Radfahrer** sind in Abbildung 16 dargestellt.

- Obwohl sowohl die Fußgänger als auch die Radfahrer mehrheitlich nur kürzere **Entfernungen** bis zu 5 oder 10km (Radfahrer bis zu 20km) zurücklegen, werden auch in den Kategorien über 10 oder 20km (bei den Radfahrern über 40km bis zu über 60km) noch erstaunliche Prozentanteile erreicht.

- Diese Entfernungen korrespondieren nicht unbedingt mit den Angaben der Befragten zur **Dauer der Fußwege und Radtouren**. Der Schluss von kurzen Wegen auf kurze Zeiten ist nicht zulässig; nur rund 10 Prozent der befragten Fußgänger und Radfahrer sind weniger als eine halbe Stunde unterwegs. Die Mehrheit lässt es ruhiger angehen: Ein Viertel der Fußgänger gab Zeiten von einer halben bis zu einer ganzen Stunde, ein weiteres Drittel sogar zwischen einer und zwei Stunden an; bei den Radfahrern waren über 45 Prozent länger als zwei Stunden mit dem Rad „auf Tour".

- Als **Hauptargument für die Wahl des Strecke** entlang des Langener Waldsees wurden von jeweils rund 55 Prozent der befragten Fußgänger und Radfahrer die „Attraktivität des Sees als Ausflugsziel" oder die „reizvolle Umgebung" genannt. Gründe wie „Bekanntheitsgrad", „Zufall" oder „kein Verkehr" spielen eine eher untergeordnete Rolle.

IV. Aktivitätenspektrum und Nutzung bestimmter Einrichtungen

- Die am Langener Waldsee vorhandene **Freizeitinfrastruktur** ist in Abbildung 9 dargestellt. Sie zeigt eine Vielzahl unterschiedlicher Angebote, welche auf Seiten der Besucher mit einem entsprechend breiten Spektrum der am See ausgeübten Freizeitaktivitäten korrespondiert.

- Bei **Badewetter** spielen das „Schwimmen" und „Sonnen" bei allen Besuchergruppen mit Anteilen von rund 90 bzw. über 70 Prozent der Befragten die mit Abstand wichtigste Rolle. Es folgen das „Ausruhen" oder das „Zusammensein mit Familie und Freunden"; bei einzelnen Gruppen sind auch noch das „Lesen" (Badegäste), das „Spielen" (Camper) sowie die „Beobachtung der Natur" (Wassersportler) von Bedeutung. Alle übrigen **Aktivitäten** treten im Vergleich dazu zurück.

- Bei **Nichtbadewetter** reduziert sich nicht nur die Gesamtzahl der ausgeübten Tätigkeiten, auch das Spektrum verändert sich: Die typischen „Schön-Wetter-Aktivitäten" verlieren an Bedeutung. Das „Zusammensein mit der Familie und Freunden", das „Ausruhen", „Spielen" und „Lesen" gewinnen an Gewicht. Erstaunlicherweise spielen relativ wetterunabhängige Aktivitäten wie das „Radfahren" und „Lernen" auch bei ungünstigen Wetterbedingungen am Langener Waldsee kaum eine Rolle.

- Bei der **Nutzung bestimmter Einrichtungen** wurden von allen Besuchergruppen zunächst die sanitären Anlagen genannt (knapp 70 Prozent der Badegäste und Camper, knapp 60 Prozent der Wassersportler). Dann folgen Kiosk und Sportanlagen, wobei sich jedoch im Hinblick auf das gastronomische Angebot auch einige kritische Stimmen zu Wort meldeten.

V. Bewertung der Freizeiteinrichtung „Langener Waldsee"

- Die Antworten auf die Frage nach der **allgemeinen Bewertung** des Langener Waldsees spiegeln ganz eindeutig die Zufriedenheit der Besucher mit der Situation am See wider: Rund 85 Prozent der Badegäste und Camper und fast 95% der Wassersportler äußerten sich positiv (Sehr gut/gut). Ein negatives Urteil fällten nur wenige (2 Prozent der Badegäste).

- Zu den am Waldsee **positiv hervorgehobenen Aspekten** gehören die gesamte Badeinfrastruktur wie das „Wasser und seine Sauberkeit", „der See mit seinem Sandstrand" (knapp 40 Prozent der Wassersportler; knapp 45 Prozent der Badegäste und Camper)) sowie die natürlichen Ausstattungsfaktoren („Schöne Umgebung") (knapp 30 Prozent der Badegäste und Wassersportler; über 40 Prozent der Camper). Weitere Nennungen beziehen sich auf den Platz und die Gelegenheit, viele Sportarten zu betreiben, oder die Atmosphäre (Menschen, Kontakte).

- Auf der anderen Seite wurden **Missstände** kritisiert, wobei sich die Wassersportler vor allem über die zu kleine Wasserfläche und den Badebetrieb (knapp 40 bzw. 30 Prozent) beklagten. Aber auch ästhetische Defizite in der Umgebung des Sees (Kieswerk, kümmerlicher Bewuchs) wurden angemahnt. Verunreinigungen des Sees bzw. der Liegefläche kritisierten alle Befragten, wobei der Anteil der Badegäste, die hier Handlungsbedarf sahen, die 40 Prozent-Marke überschreitet. Außerdem wurden von Teilen der Besucher die Verkehrsbedingungen bemängelt, der Lärm (Musik, Verkehr) sowie der Zustand der sanitären Anlagen, den vor allem die Badegäste und die Camper (jeweils rund 13 Prozent) beanstandeten.

- Die gezielte Frage nach der **Bewertung bestimmter Rahmenbedingungen** des Freizeitbetriebs am Langener Waldsee lässt sich - differenziert nach den verschiedenen Besuchergruppen - dem in Abbildung 19 beigefügten Profil entnehmen. Die dort dargestellten Ergebnisse korrespondieren zum großen Teil mit den eben zitierten allgemeinen Bewertungen. Grundsätzlich zeigen die Badegäste das ausgeglichenste Profil mit Wertungen, die sich im Bereich „sehr gut" bis „zufriedenstellend" bewegen, wobei der FKK-Bereich einen „positiven Ausreißer" darstellt und auf unverhohlene Zustimmung stößt. Die Camper beurteilten die meisten Gesichtspunkte entschieden zurückhaltender; die kritischsten Wertungen entfielen - aus verständlichen Gründen - auf die „sanitären Anlagen" sowie die „Gastronomie" und die „Verkehrsanbindung". Zwischen diesen Gruppen vermitteln die Wassersportler, die vor allem der Gastronomie, der Verkehrsanbindung und dem Lärm, aber auch der Größe der Seefläche und dem Parkplatzangebot skeptisch gegenüberstanden. Positiver wurden die Freizeitmöglichkeiten, die Sportanlagen, Luft und Wasser bewertet. Durchschnittswerte: Badegäste: 1,54; Camper: 1,84; Wassersportler: 1,57.

- Die um eine **Bewertung der Wege hinsichtlich Zustand und Ausstattung** angesprochenen Fußgänger und Radfahrer äußerten sich zu rund 80 Prozent positiv. Am unteren Ende der Skala sind die Fußgänger die kritischeren Nutzer: Knapp 15% waren mit den Wegen am See nicht zufrieden; bei den Radfahrern liegt dieser Anteil unterhalb der 5 Prozent-Marke.

- Zu den möglichen Problembereichen, nach denen im Rahmen des Interviews ausdrücklich gefragt wurde, gehören die „Überfüllung des Sees", die „Sicherheit auf dem Gelände" sowie eventuelle „Konflikte mit anderen Nutzergruppen" (Hinweis: Die subjektiven Maßstäbe eines jeden einzelnen bei der Bewertung derartiger Tatbestände sind zu berücksichtigen!). Im Hinblick auf eine „**Überbelegung des**

Sees" erwiesen sich die Wassersportler (über 40 Prozent) vor den Campern und Badegästen (jeweils knapp 40 Prozent) als die kritischsten Besucher. Allerdings konzentrieren sich die Zeiten „drangvoller Enge" nach Aussagen der Befragten auf Schönwetterperioden oder das Wochenende, was zumindest Teile der Besucher (insbesondere knapp 20 Prozent der Badegäste und knapp 7 Prozent der Camper) dazu veranlasst, zu solchen Zeiten auf einen Aufenthalt am See zu verzichten.

- In bezug auf die **„Sicherheit am See"** äußerte die weitaus überwiegende Mehrheit (rund 90 Prozent) aller Befragten keine Bedenken (Gründe: Aufsicht/Bewachung, Einzäunung des Geländes, vernünftige Leute, keine Belästigungen). Lediglich etwa 10 Prozent aller Befragten (Ausnahme: Fußgänger und Radfahrer jeweils 0,0%!) artikulierten Ängste/Unsicherheitsgefühle, die jedoch auch ohne konkreten Anlass ernst genommen werden sollten.

- Erfreulich gering ist auch der Anteil derjenigen, die sich über **„Konflikte mit anderen Nutzern"** am See beschweren. Die Wassersportler (knapp 30 Prozent) hatten hier die meisten Klagen (Grund: Badegäste, Bootfahrer, Angler und illegale Nutzer), während sich die Badegäste und Camper im Hinblick auf Störungen durch andere Besucher entschieden unbeeindruckter zeigten (Anteile jeweils um die 10 Prozent). Fußgänger und Radfahrer kritisierten die „Belästigung durch Hunde", allerdings handelt es sich hier - wie auch bei den übrigen Angaben - um die Klagen einiger weniger und damit um Einzelfälle, die nicht überbewertet werden sollten.

- Im Rahmen der **Verbesserungsvorschläge** spielen Anregungen zur „Verschönerung der Liegewiese", der Gesamtkomplex „Landschaft, Umwelt, Lärm", Fragen der „Erreichbarkeit und des Parkplatzangebotes" sowie die „sanitären Anlagen" die größte Rolle. Allerdings wichten die einzelnen Besuchergruppen unterschiedlich: Bei den Badegästen dominierten mit knapp 30 Prozent aller Nennungen die Vorschläge zur Verbesserung der Liegewiese, die Wassersportler als die „Ästheten" unter den Besuchern mahnten vorrangig die Verschönerung des Sees und seiner Umgebung an (über 35 Prozent der Befragten), während die Camper (zu knapp 28 Prozent) bei den sanitären Anlagen einen gewissen Handlungsbedarf sahen. Die Wünsche der Fußgänger und Radfahrer konzentrieren sich hingegen auf die Verbesserung der Liegefläche sowie den Ausbau der Gastronomie.

FAZIT:

In Anbetracht der erhobenen Befunde, die im Rahmen dieser Zusammenfassung nur mit einigen wenigen Worten umrissen wurden, kann insgesamt festgestellt werden, dass der Langener Waldsee seine Funktion als Freizeiteinrichtung erfüllt. Und mehr als das! So führt zwar die Anwesenheit ganz unterschiedlicher Besuchergruppen - angefangen von den Badegästen und den Campern über die Wassersportler bis hin zu den Fußgängern und Radfahrern - mitunter zu Interessensgegensätzen (Der Begriff „Konflikte" ist angesichts des Ausmaßes und der Bedeutung dieser Gegensätze fast schon überzogen!), doch werden diese Interessensgegensätze in der Summe von den Vorteilen, die gerade eine solche - vielleicht für einen Badesee nicht immer typische - Zusammensetzung der Besucher bietet, mehr als kompensiert.

Die aus dieser „Mischstruktur" - wenn man es denn so bezeichnen will - abzuleitende Vielfalt der sozio-demographischen und -ökonomischen Merkmale, der Aufenthaltsmerkmale, der Herkunft der Besucher, der zeitlichen und räumlichen Nutzungsmuster, der Aktivitäten, kurz: das breite Spektrum ganz unterschiedlicher Anliegen und Bedürfnisse seitens der einzelnen Nutzergruppen vermag am Langener Waldsee eine sehr nachteilige Monostrukturierung, so wie sie bei Freizeiteinrichtungen häufig zu beobachten ist, zu verhindern oder zumindest zu begrenzen. Im Hinblick auf die zukünftige Entwicklung des Sees und die hierfür erforderlichen Planungsmaßnahmen sollte daher die Strategie verfolgt werden, trotz einzelner Möglichkeiten zur Verbesserungen der bestehenden Situation nicht in die Gesamtstruktur des Sees einzugreifen. Dies bedeutet auch, dass die Anliegen der derzeitigen Nutzergruppen sorgfältig gegeneinander abgewogen werden müssen, um so keine Gruppe unangemessen zu bevorzugen oder zu benachteiligen. Interessenskonflikte müssen ausgeglichen werden.

Unabhängig davon sollten jedoch die von den Besuchern am See ganz konkret geäußerten Kritikpunkte, ihre Wünsche und Bedarfe im Vordergrund der Planungen stehen, zumal es nur allzu oft jene „vielberühmten" Kleinigkeiten sind, die zum Besuch einer Freizeiteinrichtung motivieren oder denselben auch - zugunsten der Konkurrenz in Form anderer Badeseen, der Strand-, Frei- und Hallenbäder - gründlich „vergällen" können. Einen wichtigen Aspekt stellt in diesem Zusammenhang die Frage der Erreichbarkeit dar, zumal davon ausgegangen werden muss, dass bei der Verkehrserschließung das „Wunschdenken" der für die Planung Verantwortlichen und die „Wünsche" der Betroffenen am weitesten auseinander driften. Die Verhältnisse am Langener Waldsee haben gezeigt, dass die Anfahrt mit dem eigenen PKW nach wie vor das Mittel der Wahl darstellt - und dies nicht zuletzt aus Gründen der Bequemlichkeit, wie die Befragten ehrlicherweise zugaben. Ob vor diesem Hintergrund die aus ökologischen Überlegungen heraus sicherlich wünschenswerten Maßnahmen zur Reduzierung des PKW-Verkehrs (Reduzierung der Parkplätze, Erhöhung der Parkgebühren, Ausbau von Fuß- und Radwegen, ÖPNV etc.) im Falle des Langener Waldsees greifen werden - und wenn, dann in der erwünschten Weise! - ist zu bezweifeln. Ohne einen adäquaten Ausbau der ÖPNV-Anbindung dürften Eingriffe in die PKW-Zugänglichkeit eher zu einem Attraktivitätsverlust des Sees beitragen. Und selbst eine Verbesserung des ÖPNV-Angebots wird solche Einschnitte nicht vollständig auffangen können, zumal auch ganz faktische Gründe (Transport von Sportgerät, Gepäck von Familien mit Kindern (Wie sie unter den Badegästen recht häufig sind!), allgemeine größere Flexibilität) für den PKW sprechen. In jedem Falle muss bei einer „Korrektur" dieser

Rahmenbedingungen mit einer Veränderung der Besucherstruktur (-zusammensetzung) und des Besucherverhaltens gerechnet werden.

Ein weiterer wichtiger Aspekt betrifft die „Pflege" des Stammpublikums, dem am Langener Waldsee eine besondere Bedeutung zukommt. Vor allem die Wassersportler erwiesen sich - wohl z.T. infolge der bestehenden Bindungen an die Wassersportvereine - als sehr zuverlässige (i.e. regelmäßige) Besucher, die auch bei suboptimalen (Wetter-)Bedingungen noch an den See kamen. Solche stabilen Bindungen sollten gefördert werden, zumal sich das Stammpublikum durch eine ganze Reihe sehr positiv zu bewertender Eigenschaften auszeichnet. So kamen solche Besucher nicht nur regelmäßiger, sie blieben häufig auch länger und zeigten ein verhältnismäßig breites Spektrum von Aktivitäten am See. Die diesbezüglichen Möglichkeiten gilt es zu fördern und auszubauen, um auf diese Weise eine allzu einseitige Orientierung auf das „Schwimmen" und „(Sonnen-)Baden" zu vermeiden. Denn gerade die Vielzahl der ausgeübten Aktivitäten, die sich im wesentlichen nach den hierfür vorhandenen Freizeitangeboten richtet, garantiert eine breite Streuung und damit eine „Entzerrung" der einzelnen Nutzungen. Dabei sollte die vorhandene sozio-demographische Struktur der Besucher, insbesondere der (noch recht jungen) Badegäste, angemessen berücksichtigt werden (Idee: Wasserspielplatz!?)

In diesem Zusammenhang sollte auch über den Stellenwert der so bezeichneten ergänzenden Einrichtungen nachgedacht werden. Das Vorhandensein von Sanitäranlagen an einem Badesee ist vielleicht selbstverständlich; das Vorhandensein eines gastronomischen Angebotes ist es sicherlich nicht und muss deshalb ausdrücklich begrüßt werden. Nichtsdestotrotz sollten diese Einrichtungen - vor allem was den Sanitärbereich - betrifft, überprüft und, falls notwendig, Maßnahmen zur Verbesserung der Situation in Angriff genommen werden. Auch das Vorhandensein einer Aufsicht und die Bewachung des Geländes muss ausgesprochen positiv vermerkt werden, trägt es doch - und dies zeigen die Äußerungen der Besucher - zu einem allgemeinen Sicherheitsgefühl auf dem Gelände bei.

Die Aussagen der Besucher zur Bewertung der Freizeiteinrichtung „Langener Waldsee" geben zweifellos die konkretesten Hinweise zu möglichen Planungs- und Entwicklungsmaßnahmen, zumal hier einzelne Kritikpunkte angesprochen werden, die auch ohne massive Eingriffe in die Gesamtstruktur und damit ohne größeren Aufwand beseitigt werden können. Unabhängig von übertriebenen Empfindlichkeiten, vor denen selbst die Besucher am Langener Waldsee nicht immer gefeit sind, sollten einzelne Missstände oder Ärgernisse so schnell wie möglich beseitigt werden. Dabei sind Klagen über Verschmutzungen (Müll/Dreck), den Zustand der Liegewiese (Verunreinigungen, mangelnde Beschattung), z.T. auch über Lärmbelästigung oder die Beeinträchtigung der schönen Umgebung durch Baumaßnahmen durchaus ernst zu nehmen, da sich die diesbezüglichen Beschwerden „quer" durch alle Besuchergruppen zogen. Auf das sicher nicht einfach zu lösende Problem der sanitären Anlagen wurde bereits hingewiesen.

Eine Vielzahl verschiedener Verbesserungsvorschläge sind - differenziert nach den einzelnen Besuchergruppen - den Tabellen im Anhang zu entnehmen. Sie geben zu einem großen Teil die bereits angedeuteten Kritikpunkte mit „umgekehrtem Vorzeichen" wieder. Darüber hinaus enthalten sie ganz interessante Einzelmaßnahmen aus der Sicht der Betroffenen, die in ihrer Bedeutung jedoch nicht unterschätzt werden sollten. Da die den aufgeführten Kategorien zugrundeliegenden Äußerungen der Besucher in entsprechenden Übersichten noch einmal einzeln aufgelistet wurden, soll hier lediglich auf die Anregungen der Badegäste als der bei weitem größten Gruppe unter den Befragten näher eingegangen werden:

Im Rahmen der Verbesserungsvorschläge seitens der Badegäste bildet der Aspekt „Liegewiese" sicherlich einen Schwerpunkt. Unabhängig von den weiter oben zitierten Klagen über Verschmutzungen, Steine in Sand und Wasser etc. sollten die Wünsche nach einer stärkeren Beschattung (Bepflanzung, Sonnenschirme etc.), aber auch nach einer Vergrößerung der Wiese oder der Ausdehnung des Sandstrandes überdacht werden. In diesem Zusammenhang sind auch die unter dem Punkt „Landschaft/Umwelt/Lärm" genannten Anregungen wie die Begrünung der Anlage insgesamt oder das Aufstellen von Mülleimern bzw. -containern für den umliegenden Bereich (Achtung: Optik!) zu berücksichtigen, zumal die Camper im Hinblick auf die Entsorgungsmöglichkeiten ebenfalls noch Handlungsbedarf sahen. Die übrigen in dieser Kategorie artikulierten Bedürfnisse wie etwa die Verschönerung der Aussicht (Entfernen der Baustellen, Uferbegrünung u.ä.) hatten eher ästhetische Qualitäten (vgl. hierzu die Vorstellungen der Wassersportler!) und sollten weniger als kurz- denn als mittelfristige Maßnahmen in die z.Zt. beim Umlandverband diskutierten Planungen mit einfließen.

Auf das Problem der Erreichbarkeit wurde wiederholt schon hingewiesen. Ob man nun durch eine Verbesserung der PKW-Anbindung (Verringerung der Parkgebühren, Anlage größerer Parkflächen, Wiederherstellung der vorherigen Parkplätze etc.) den diesbezüglichen Bedürfnissen der Besucher wieder mehr entgegenkommt oder durch entsprechende Beschränkungen und einen forcierten Ausbau des ÖPNV-Angebots das „Umsteigen" auf öffentliche Verkehrsmittel fördern soll, ist eine Grundsatzentscheidung, die die hierfür zuständigen Personen und Gremien auf der Basis der erhobenen Befunde in eigener Verantwortung treffen müssen. Die Präferenzen der von einer solchen Entscheidung betroffenen Besucher liegen zumindest zum jetzigen Zeitpunkt noch eindeutig beim PKW als dem Verkehrsmittel ihrer Wahl. Vor diesem Hintergrund dürften Behinderungen oder Einschränkungen der PKW-Zugänglichkeit seitens der Besucher entsprechend „honoriert" werden.

Weniger kritisch (im Sinne von „weniger kontrovers"!) sind die unter den Punkten „sanitäre Anlagen", „Freizeitangebot" sowie „Gastronomie/Versorgung" ausgesprochenen Empfehlungen der Badegäste. Der Wunsch nach sauberen Toiletten, Licht und mehr Duschen im Sanitärbereich ist verständlich und lässt sich auch mit mäßigem Aufwand relativ schnell verwirklichen (Problem regelmäßiger Kontrollen!?); die Idee, die sanitären Anlagen von Badegästen und Campern zu die Idee, die sanitären Anlagen von Badegästen und Campern zu trennen, sollte vor dem Hintergrund der wohl recht unterschiedlichen Bedürfnisse dieser beiden Besuchergruppen auf ihre Realisierbarkeit hin überprüft werden. Entsprechendes gilt für die Verbesserung der Gastronomie/Versorgung, wobei schon im Rahmen der bisherigen Ausführungen darauf hingewiesen wurde, dass angesichts der an einem Badesee bestehenden Nachfrageschwankungen „überzogene Ansprüche" (Selbstverständlich wäre ein Biergarten schön!) an den wirtschaftlichen Realitäten scheitern müssen. Allerdings äußerten auch die befragten Fußgänger und Radfahrer im Hinblick auf das gastronomische Angebot einen gewissen Bedarf, wobei zu überlegen ist, ob nicht schon eine stärkere Öffnung des vorhandenen Kioskes nach außen einfacheren Bedürfnissen seitens dieser Besuchergruppen genügen könnte.

Ein großer Teil der Nennungen zum „Freizeitangebot" bezog sich auf die Grillplätze, deren Zahl erhöht oder deren Nutzungsmöglichkeiten verbessert werden sollten (Überdachung, fester Grill, Trennung vom Sport- und Spielbereich). Außerdem bestand der Wunsch nach mehr/besseren Spielmöglichkeiten für Kinder, ein Gesichtspunkt, der in Anbetracht der Altersstruktur der Badegäste verständlich erscheint. Darüber hinaus erscheint es aus ganz grundsätzlichen Erwägungen heraus sinnvoll, über weitere Beschäftigungsangebote nachzudenken, da eine entsprechende Freizeitinfrastruktur auch bei etwas ungünstigeren Wetterverhältnissen Besucher an den See zu „locken" und so zu einer ausgeglicheneren Frequentierung beizutragen vermag. Die Anregung, einen Bootsverleih einzurichten, weist in diese Richtung, wobei sich jedoch die von den Wassersportlern schon jetzt als unzulänglich kritisierte Größe der Wasserfläche sehr nachteilig bemerkbar machen dürfte. Hier sollten die Interessen der unterschiedlichen Nutzergruppen genau abgewogen werden, um Konflikte (Überfüllung des Sees!) zu vermeiden. Aber - um ein weiteres Stichwort in die Debatte zu werfen - wie wäre es mit einem Minigolfplatz oder einem ähnlichen Angebot?

Im Hinblick auf die Preispolitik am Langener Waldsee wurde seitens der Badegäste die aus ihrer Sicht nur allzu verständliche Anregung vorgebracht, die Eintrittspreise überhaupt sowie die Preise am Kiosk zu senken. Wenngleich sich diese Vorschläge aus Rentabilitätsgründen wohl kaum durchsetzen lassen werden, so sollte doch über eine andere Alternative, nämlich die Einführung eines niedrigeren Eintrittspreises für Kurzbesucher nachgedacht werden. Es ist zweifellos ein Unterschied, ob sich Besucher einen halben oder gar ganzen Tag am Waldsee aufhalten oder zwecks kurzer Erfrischung an einem heißen Sommerabend nur einmal kurz „in's Wasser springen". Hierbei muss jedoch berücksichtigt werden, dass sich durch die „Forcierung" von sehr kurzen Aufenthalten das Verkehrsaufkommen erhöhen kann, ein (Neben-)Effekt, der so wohl nicht beabsichtigt sein dürfte. Auch die in Diskussionen wiederholt angeklungenen Vorstellungen, die Eintrittspreise am Langener Waldsee über die Parkgebühren zu staffeln, haben diesen Nachteil und sollten daher im Hinblick auf mögliche (und z.T. sehr negative!) Konsequenzen genau erwogen werden. Denn letztendlich sind es die Besucher, die immer wieder kommen, die lange bleiben, die auch vor schlechtem Wetter nicht zurückschrecken, kurz: die Stammgäste, die den Langener Waldsee prägen und ihn zu dem machen, was er heute ist: Ein beliebtes Bade- und Ausflugsziel im Rhein-Main-Gebiet.

4. Literatur

BILLON, F. und B. FLÜCKIGER 1978: Bedarfsanalyse und Kurzzeittourismus. Bremen.

von BUTLER, C. J. u.a. 1977: Freizeitverhalten außer Haus = Schriftenreihe „Städtebauliche Forschung" des Bundesministers für Raumordnung, Bauwesen und Städtebau. H. 53. Bonn.

CZINKI, L. 1975: Wochenendfreizeit in den Freiräumen Nordrhein-Westfalens. = AHT-Schriftenreihe. Nr. 15. Essen.

FISCHER, E. 1976: Freizeit im Harz. In: Neues Archiv für Niedersachsen. Bd. 25. S. 221-240. Göttingen.

GARHAMMER, M. 1996: Balanceakt Zeit. Auswirkungen flexibler Arbeitszeiten auf Alltag, Freizeit und Familie. Berlin. 269 S..

GÖTTE, V. 1995: Freizeit- und Erholungsgebiet „Langener Waldsee". Erläuterungsbericht zum Landschaftsplanerischen Entwurf (Februar 1995). 13 S. und Anhang.

GROSS, P., GARHAMMER,M. und J.ECKARDT 1988: Freizeitmarkt Dienstleistungen und häuslicher Freizeitpfad. Hrsg. vom Institut für Landes- und Stadtentwicklungsforschung des Landes Nordrhein-Westfalen (ILS). ILS Schriften 17. Dortmund. 61 S..

LÜDTKE, H. 1990: Veränderte Zeitbudgets und ihre Verwendung. In: Institut für Freizeitwissenschaft und Kulturarbeit e.V.: Zeiterleben - Zeitverläufe - Zeitsysteme. Forschungsergebnisse zur Zeittheorie und Zeitökonomie mit ihren Konsequenzen für Politik, Planung und Pädagogik. Dokumentation der 7.Bielefelder Winterakademie vom Februar 1990. Hrsg. von J. Fromme, W. Hatzfeld und W. Tokarski. Bielefeld. S.133-150.

OPASCHOWSKI, H. W. 1989:Wie arbeiten wir nach dem Jahr 2000? Freizeit - Impulse für die Arbeitswelt von morgen. (= Schriften zur Freizeitforschung. Bd.12). Hrsg. vom BAT Freizeit Forschungsinstitut. Hamburg. 46 S..

ROMEISS-STRACKE,F. 1987: Ist „Zeitpolitik" besser als „Freizeitpolitik"? Ideologische oder historische Hintergründe einer Begriffsumwandlung. In: Handlungsfeld Freizeit II. Zeitpolitische Fragestellungen. Hrsg. vom Institut für Landes- und Stadtentwicklungsforschung des Landes Nordrhein-Westfalen (ILS). ILS Schriften 1. Dortmund. S.16-18.

UMLANDVERBAND FRANKFURT 1982: Freizeit- und Erholungsgebiet Langener Waldsee. Planungsalternativen. Bearbeitet vom Dezernat IV, Referat Freizeit. Frankfurt am Main. 37 S..

WOLF, K. u. P. JURCZEK 1986: Geographie der Freizeit und des Tourismus. (= UTB für Wissenschaft. Bd.1381). Stuttgart. 167 S..

WOLF, K., LILIENBECKER-HECHT, U., SCHRADER, K. u. J. WÜRGES 1997: Evaluierung einer wasserbezogenen Freizeiteinrichtung im großstädtischen Verdichtungsraum am Beispiel des Schultheisweihers in Offenbach am Main. Teil 1: Erhebung der Nachfrage im Zielgebiet. In: Materialien 20 des Instituts für Kulturgeographie, Stadt- und Regionalforschung an der Universität Frankfurt am Main. Frankfurt am Main. S. 7-114.

5. Anhang

Tabellen:

1. Sozio-demographische Merkmale
2. Einzugsbereich, Erreichbarkeit und Verkehrsmittelwahl
3. Nutzung des Langener Waldsees in seiner zeitlichen und räumlichen Verteilung
4. Aktivitätenspektrum der Besucher am Langener Waldsee
5. Langener Waldsee - Bewertung einer Freizeiteinrichtung

1. Sozio-demographische Merkmale

Geschlecht

	Badegäste		Wassersportler		Camper		Fußgänger		Radfahrer	
	abs.	in %	abs.	in %	abs.	in %	abs.	in %	abs.	in %
männlich	195	55,1	36	70,6	13	44,8	24	88,9	111	71,2
weiblich	155	43,8	14	27,5	15	51,7	3	11,1	42	26,9
k.A.	4	1,1	1	2,0	1	3,4	0	0,0	3	1,9
	354	100,0	51	100,0	29	100,0	27	100,0	156	100,0

Alter

	Badegäste		Wassersportler		Camper		Fußgänger		Radfahrer	
	abs.	in %	abs.	in %	abs.	in %	abs.	in %	abs.	in %
14-18 Jahre	45	12,7	7	13,7	2	6,9	0	0,0	4	2,6
19-20 Jahre	16	4,5	1	2,0	0	0,0	0	0,0	2	1,3
21-25 Jahre	49	13,8	5	9,8	1	3,4	0	0,0	8	5,1
26-30 Jahre	64	18,1	3	5,9	5	17,2	2	7,4	18	11,5
31-40 Jahre	76	21,5	7	13,7	7	24,1	12	44,4	24	15,4
41-50 Jahre	46	13,0	14	27,5	9	31,0	5	18,5	27	17,3
51-60 Jahre	28	7,9	10	19,6	3	10,3	3	11,1	43	27,6
61-65 Jahre	12	3,4	1	2,0	0	0,0	3	11,1	12	7,7
66- Jahre	9	2,5	2	3,9	0	0,0	1	3,7	17	10,9
k.A.	9	2,5	1	2,0	2	6,9	1	3,7	1	0,6
	354	100,0	51	100,0	29	100,0	27	100,0	156	100,0

Personen je Haushalt

	Badegäste		Wassersportler		Camper		Fußgänger		Radfahrer	
	abs.	in %	abs.	in %	abs.	in %	abs.	in %	abs.	in %
1 Person	83	23,4	7	13,7	5	17,2	8	29,6	23	14,7
2 Personen	121	34,2	20	39,2	9	31,0	14	51,9	81	51,9
3 Personen	62	17,5	4	7,8	8	27,6	2	7,4	27	17,3
4 Personen	53	15,0	15	29,4	2	6,9	2	7,4	9	5,8
5 Personen	28	7,9	3	5,9	2	6,9	1	3,7	3	1,9
6 Personen	0	0,0	0	0,0	0	0,0	0	0,0	1	0,6
k.A.	7	2,0	2	3,9	3	10,3	0	0,0	12	7,7
	354	100,0	51	100,0	29	100,0	27	100,0	156	100,0

Familienstand und ...

	Badegäste		Wassersportler		Camper		Fußgänger		Radfahrer	
	abs.	in %	abs.	in %	abs.	in %	abs.	in %	abs.	in %
allein	212	59,9	19	37,3	9	31,0	15	55,6	57	36,5
mit Partner	133	37,6	29	56,9	17	58,6	12	44,4	97	62,2
k.A.	9	2,5	3	5,9	3	10,3	0	0,0	2	1,3
	354	100,0	51	100,0	29	100,0	27	100,0	156	100,0

... Kinder

	Badegäste		Wassersportler		Camper		Fußgänger		Radfahrer	
	abs.	in %	abs.	in %	abs.	in %	abs.	in %	abs.	in %
Kinder	104	29,4	17	33,3	13	44,8	8	29,6	76	48,7
Durchschnittl. Alter	4,5 Jahre		5,7 Jahre		8,9 Jahre		5,8 Jahre		9,9 Jahre	

Einkommen

	Badegäste		Wassersportler		Camper		Fußgänger		Radfahrer	
	abs.	in %	abs.	in %	abs.	in %	abs.	in %	abs.	in %
-1500 DM	41	11,6	4	7,8	1	3,4	1	3,7	2	1,3
1501-2500 DM	20	5,6	1	2,0	9	31,0	0	0,0	9	5,8
2501-3500 DM	29	8,2	3	5,9	2	6,9	5	18,5	14	9,0
3501-5000 DM	31	8,8	3	5,9	5	17,2	3	11,1	7	4,5
5001-7000 DM	19	5,4	4	7,8	0	0,0	3	11,1	15	9,6
7000- DM	3	0,8	5	9,8	0	0,0	2	7,4	9	5,8
k.A.	211	59,6	31	60,8	12	41,4	13	48,1	100	64,1
	354	100,0	51	100,0	29	100,0	27	100,0	156	100,0

Schulbildung

	Badegäste		Wassersportler		Camper		Fußgänger		Radfahrer	
	abs.	in %	abs.	in %	abs.	in %	abs.	in %	abs.	in %
Hauptschule	30	8,5	6	11,8	10	34,5	2	7,4	12	7,7
Realschule	87	24,6	10	19,6	8	27,6	5	18,5	46	29,5
Abitur	102	28,8	13	25,5	6	20,7	7	25,9	31	19,9
Studium	67	18,9	18	35,3	2	6,9	12	44,4	33	21,2
k.A.	68	19,2	4	7,8	3	10,3	1	3,7	34	21,8
	354	100,0	51	100,0	29	100,0	27	100,0	156	100,0

Erlernter Beruf

	Badegäste		Wassersportler		Camper		Fußgänger		Radfahrer	
	abs.	in %	abs.	in %	abs.	in %	abs.	in %	abs.	in %
in Ausbildung	74	20,9	7	13,7	2	6,9	1	3,7	9	5,8
Handwerker	48	13,6	5	9,8	5	17,2	6	22,2	66	42,3
Akademiker	46	13,0	19	37,3	1	3,4	11	40,7	24	15,4
Beamte	17	4,8	2	3,9	0	0,0	0	0,0	1	0,6
Angestellte	105	29,7	13	25,5	13	44,8	1	3,7	10	6,4
Übrige	16	4,5	0	0,0	5	17,2	4	14,8	22	14,1
k.A.	48	13,6	5	9,8	3	10,3	1	3,7	24	15,4
	354	100,0	51	100,0	29	100,0	27	100,0	156	100,0

Ausgeübter Beruf

	Badegäste		Wassersportler		Camper		Fußgänger		Radfahrer	
	abs.	in %	abs.	in %	abs.	in %	abs.	in %	abs.	in %
Beamter	14	4,0	1	2,0	0	0,0	1	3,7	5	3,2
Angestellter	101	28,5	13	25,5	15	51,7	8	29,6	49	31,4
Akademiker	31	8,8	16	31,4	2	6,9	5	18,5	21	13,5
Rentner	21	5,9	5	9,8	0	0,0	5	18,5	27	17,3
in Ausbildung	85	24,0	9	17,6	2	6,9	1	3,7	10	6,4
Handwerker	36	10,2	2	3,9	2	6,9	2	7,4	8	5,1
Übrige	30	8,5	2	3,9	5	17,2	5	18,5	14	9,0
k.A.	36	10,2	3	5,9	3	10,3	0	0,0	22	14,1
	354	100,0	51	100,0	29	100,0	27	100,0	156	100,0

Wohn- und Eigentumsverhältnisse

	Badegäste		Wassersportler		Camper		Fußgänger		Radfahrer	
	abs.	in %	abs.	in %	abs.	in %	abs.	in %	abs.	in %
Miet-qm	41,6		26,3		55,6		54,1		31,5	
Eigene-qm	41,0		47,1		30,2		70,9		48,6	
Miet-qm Abw.	44,8		49,2		37,3		23,0		40,5	
Eigene-qm Abw.	89,1		78,0		76,7		42,0		60,1	

Wohnverhältnisse

	Badegäste		Wassersportler		Camper		Fußgänger		Radfahrer	
	abs.	in %	abs.	in %	abs.	in %	abs.	in %	abs.	in %
mit Garten	181	51,1	28	54,9	11	37,9	10	37,0	79	50,6
ohne Garten	170	48,0	22	43,1	17	58,6	17	63,0	70	44,9
k.A.	3	0,8	1	2,0	1	3,4	0	0,0	7	4,5
	354	100,0	51	100,0	29	100,0	27	100,0	156	100,0
Mietzimmer	27	7,6	3	5,9	1	3,4	0	0,0	7	4,5
Mietwohnung	183	51,7	15	29,4	20	69,0	14	51,9	60	38,5
Miethaus	18	5,1	7	13,7	1	3,4	4	14,8	10	6,4
eig. Zimmer	1	0,3	1	2,0	0	0,0	0	0,0	0	0,0
eig. Wohnung	42	11,9	7	13,7	2	6,9	3	11,1	20	12,8
eig. Haus	76	21,5	15	29,4	4	13,8	5	18,5	51	32,7
k.A.	7	2,0	3	5,9	1	3,4	1	3,7	8	5,1
	354	100,0	51	100,0	29	100,0	27	100,0	156	100,0

2. Einzugsbereich, Erreichbarkeit und Verkehrsmittelwahl

Wo sind Sie heute aufgebrochen?

	Badegäste		Wassersportler		Camper	
	abs.	in %	abs.	in %	abs.	in %
Wohnung	303	85,6	46	90,2	27	93,1
Arbeitsplatz/Schule/Uni	33	9,3	1	2,0	1	3,4
Urlaubsquartier	14	4,0	2	3,9	0	0,0
Campingplatz als Urlaubsquartier	0	0,0	0	0,0	0	0,0
Campingplatz als Dauerwohner	0	0,0	1	2,0	0	0,0
k.A.	4	1,1	1	2,0	1	3,4
	354	100,0	51	100,0	29	100,0

Wo sind Sie heute aufgebrochen (Fußgänger)?

	abs.	in %
Frankfurt	10	37,0
Neu-Isenburg	2	7,4
Dreieich	2	7,4
Langen	3	11,1
andere	9	33,3
k.A.	1	3,7
	27	100,0

Was war Ihr Startort (Fußgänger)?

	Fußgänger (27=100%)	
	abs.	in %
Wohnort	10	37,0
anderer Ort	15	55,6
k.A.	2	7,4
	27	100,0

Wo sind Sie heute aufgebrochen (Radfahrer)?

	abs.	in %
Frankfurt	36	23,2
Neu-Isenburg	13	8,4
Dreieich	18	11,6
Dietzenbach	3	1,9
Langen	31	20,0
andere	50	32,3
k.A.	4	2,6
	155	100,0

Was war Ihr Startort (Radfahrer)?

	Radfahrer (155=100%)	
	abs.	in %
Wohnort	135	87,1
anderer Ort	2	1,3
k.A.	18	11,6
	155	100,0

Ort, an dem aufgebrochen wurde/Zeitaufwand

Die Ortsnamen stehen stellvertretend für ihre jeweilige Postleitregion (XXX00)

Badegäste (in %, 100%=354)

	bis 5 Min.		6-10 Min.		11-15 Min.		16-20 Min.		21-25 Min.		ca. 30 Min.		30-60 Min.		1-2 Std.		üb. 2 Std.	
	abs.	in %	abs.	in %	abs.	in %	abs.	in %	abs.	in %	abs.	in %	abs.	in %	abs.	in %	abs.	in %
Mainz (55)	0	0,0	0	0,0	0	0,0	1	0,3	0	0,0	5	1,4	6	1,7	0	0,0	0	0,0
Frankfurt (60)	1	0,3	6	1,7	18	5,1	21	5,9	2	0,6	28	7,9	17	4,8	4	1,1	1	0,3
Bad Homburg	0	0,0	0	0,0	1	0,3	2	0,6	1	0,3	0	0,0	1	0,3	0	0,0	0	0,0
Offenbach	0	0,0	0	0,0	0	0,0	5	1,4	0	0,0	6	1,7	2	0,6	2	0,6	0	0,0
Langen	0	0,0	22	6,2	22	6,2	23	6,5	0	0,0	18	5,1	5	1,4	0	0,0	0	0,0
Aschaffenburg	0	0,0	0	0,0	0	0,0	0	0,0	0	0,0	0	0,0	2	0,6	0	0,0	0	0,0
Darmstadt	0	0,0	0	0,0	0	0,0	2	0,6	0	0,0	8	2,3	2	0,6	0	0,0	0	0,0
Groß Gerau	1	0,3	6	1,7	5	1,4	1	0,3	0	0,0	2	0,6	0	0,0	0	0,0	0	0,0
Wiesbaden	0	0,0	0	0,0	0	0,0	1	0,3	0	0,0	3	0,8	4	1,1	0	0,0	0	0,0
Frankfurt (65)	0	0,0	1	0,3	4	1,1	15	4,2	0	0,0	6	1,7	2	0,6	1	0,3	1	0,3
	2	0,6	35	9,9	50	14,1	71	20,1	3	0,8	76	21,5	41	11,6	7	2,0	2	0,6

Wassersportler (in %, 100%=51)

	bis 5 Min.		6-10 Min.		11-15 Min.		16-20 Min.		21-25 Min.		ca. 30 Min.		30-60 Min.		1-2 Std.		üb. 2 Std.	
	abs.	in %	abs.	in %	abs.	in %	abs.	in %	abs.	in %	abs.	in %	abs.	in %	abs.	in %	abs.	in %
Frankfurt (60)	0	0,0	3	5,9	2	3,9	6	11,8	1	2,0	3	5,9	0	0,0	0	0,0	0	0,0
Offenbach	0	0,0	0	0,0	0	0,0	1	2,0	2	3,9	0	0,0	0	0,0	0	0,0	0	0,0
Langen	1	2,0	1	2,0	6	11,3	8	15,7	0	0,0	1	2,0	0	0,0	0	0,0	0	0,0
Darmstadt	0	0,0	0	0,0	0	0,0	1	2,0	0	0,0	0	0,0	0	0,0	0	0,0	0	0,0
Groß Gerau	0	0,0	2	3,9	0	0,0	0	0,0	0	0,0	0	0,0	0	0,0	0	0,0	0	0,0
Frankfurt (65)	0	0,0	0	0,0	1	2,0	1	2,0	0	0,0	0	0,0	0	0,0	0	0,0	0	0,0
	1	2,0	6	11,8	9	17,6	17	33,3	3	5,9	4	7,8	0	0,0	0	0,0	0	0,0

Wie sind Sie hierher gekommen?

	Badegäste		Wassersportler		Camper	
	abs.	in %	abs.	in %	abs.	in %
zu Fuß	1	0,3	1	2,0	0	0,0
Fahrrad	84	23,7	6	11,8	1	3,4
ÖPNV	14	4,0	1	2,0	0	0,0
Motorrad	15	4,2	0	0,0	1	3,4
PKW	239	67,5	43	84,3	25	86,2
Sonstige	0	0,0	0	0,0	1	3,4
k.A.	1	0,3	0	0,0	1	3,4
	354	100,0	51	100,0	29	100,0

Badegäste – Wie kommen Sie hierher/Alter

	bis 30 Jahre (174=100%)		30 bis 50 Jahre (122=100%)		über 50 Jahre (49=100%)	
	abs.	in %	abs.	in %	abs.	in %
zu Fuß/Rad	39	22,4	26	21,3	20	40,8
ÖPNV	8	4,6	5	4,1	1	2,0
Pkw/Motorrad	127	73,0	90	73,8	28	57,1

Badegäste – Wie kommen Sie hierher/Personen im Haushalt

	1 Person (83=100%)		2 Personen (121=100%)		3 Personen und mehr (143=100%)	
	abs.	in %	abs.	in %	abs.	in %
zu Fuß/Rad	20	24,1	31	25,6	33	23,1
ÖPNV	3	3,6	7	5,8	4	2,8
PKW/Motorrad	58	69,9	84	69,4	105	73,4

Badegäste – Wie kommen Sie hierher/Familienstand

	allein (212=100%)		mit Partner (133=100%)	
	abs.	in %	abs.	in %
zu Fuß/Rad	49	23,1	33	24,8
ÖPNV	12	5,7	2	1,5
PKW/Motorrad	151	71,2	97	72,9

Badegäste – Wie kommen Sie hierher/Einkommen

	bis 2500 DM (61=100%)		2500 - 5000 DM (60=100%)		über 5000 DM (22=100%)	
	abs.	in %	abs.	in %	abs.	in %
zu Fuß/Rad	13	21,3	14	23,3	4	18,2
ÖPNV	6	9,8	4	6,7	0	0,0
PKW/Motorrad	42	68,9	42	70,0	18	81,8

Badegäste – Wie kommen Sie hierher/Geschlecht

	Männer (195=100%)		Frauen (155=100%)	
	abs.	in %	abs.	in %
zu Fuß/Rad	49	25,1	36	23,2
ÖPNV	8	4,1	6	3,9
PKW/Motorrad	137	70,3	113	72,9

Badegäste – Wie kommen Sie hierher/Erstbesucher

	Erstbesucher (73=100%)		Nicht-Erstbesucher (275=100%)	
	abs.	in %	abs.	in %
zu Fuß/Rad	13	18,1	71	25,8
ÖPNV	6	8,3	8	2,9
PKW/Motorrad	54	75,0	196	71,3

Badegäste – Wie kommen Sie hierher/Alleinbesucher

	Alleinbesucher (73=100%)		in Begleitung (277=100%)	
	abs.	in %	abs.	in %
zu Fuß/Rad	27	37,0	57	20,6
ÖPNV	1	1,4	13	4,7
PKW/Motorrad	46	63,0	206	74,4

Wo ist Ihr Standort?

	Radfahrer (155=100%)	
	abs.	in %
Wohnort	135	87,1
anderer Ort	2	1,3
k.A.	18	11,6
	155	100,0

Wie sind Sie zu Ihrem Standort gekommen?

	Radfahrer (155=100%)	
	abs.	in %
PKW	11	7,1
ÖPNV	5	3,2
k.A.	139	89,7
	155	100,0

Wenn Sie mit dem Auto oder Motorrad gekommen sind:
Wo haben Sie Ihr Fahrzeug abgestellt?

	Badegäste		Wassersportler		Camper	
	abs.	in %	abs.	in %	abs.	in %
Parkplatz	236	92,9	15	34,9	26	100,0
B44	7	2,8	0	0,0	0	0,0
bei Sehring	4	1,6	1	2,3	0	0,0
außerhalb	7	2,8	0	0,0	0	0,0
keine Angabe	0	0,0	3	7,0	0	0,0
Vereinsgelände	0	0,0	24	55,8	0	0,0
	254	100,0	43	100,0	26	100,0

Warum sind Sie auf diese Art angereist?

	Badegäste		Wassersportler		Camper	
	abs.	in %	abs.	in %	abs.	in %
am bequemsten	180	47,6	19	33,3	9	25,7
sportlich	20	5,3	1	1,8	0	0,0
nur mit dem Auto	5	1,3	0	0,0	0	0,0
Wohnort zu weit entfernt	78	20,6	13	22,8	9	25,7
unzufrieden mit ÖPNV	22	5,8	5	8,8	2	5,7
zu viel Gepäck	22	5,8	15	26,3	10	28,6
keine Alternativen	46	12,2	3	5,3	3	8,6
k.A.	5	1,3	1	1,8	2	5,7
	378	100,0	57	100,0	35	100,0

Wie schätzen Sie die Erreichbarkeit des Langener Waldsees mit den folgenden Möglichkeiten ein?

zu Fuß	Badegäste		Wassersportler		Camper	
	abs.	in %	abs.	in %	abs.	in %
Gut	25	7,1	3	5,9	0	0,0
Zufriedenst.	37	10,5	6	11,8	0	0,0
Schlecht	212	59,9	33	64,7	0	0,0
weiß nicht	73	20,6	6	11,8	1	3,4
k.A.	7	2,0	3	5,9	28	96,6
	354	100,0	51	100,0	29	100,0

per Rad	Badegäste		Wassersportler		Camper	
	abs.	in %	abs.	in %	abs.	in %
Gut	149	42,1	15	29,4	9	31,0
Zufriedenst.	80	22,6	15	29,4	4	13,8
Schlecht	70	19,8	15	29,4	8	27,6
weiß nicht	51	14,4	3	5,9	6	20,7
k.A.	4	1,1	3	5,9	2	6,9
	354	100,0	51	100,0	29	100,0

per PKW	Badegäste		Wassersportler		Camper	
	abs.	in %	abs.	in %	abs.	in %
Gut	240	67,8	38	74,5	21	72,4
Zufriedenst.	39	11,0	6	11,8	4	13,8
Schlecht	53	15,0	6	11,8	2	6,9
weiß nicht	17	4,8	0	0,0	0	0,0
k.A.	5	1,4	1	2,0	2	6,9
	354	100,0	51	100,0	29	100,0

per ÖPNV	Badegäste		Wassersportler		Camper	
	abs.	in %	abs.	in %	abs.	in %
Gut	42	11,9	4	7,8	1	3,4
Zufriedenst.	27	7,6	5	9,8	6	20,7
Schlecht	147	41,5	27	52,9	9	31,0
weiß nicht	130	36,7	12	23,5	12	41,4
k.A.	8	2,3	3	5,9	1	3,4
	354	100,0	51	100,0	29	100,0

Wie lange benötigen Sie für den Weg hierher?

	Badegäste		Wassersportler		Camper	
	abs.	in %	abs.	in %	abs.	in %
bis 5 Min.	2	0,6	1	2,0	1	3,4
6-10 Min.	37	10,5	6	11,8	0	0,0
11-15 Min.	54	15,3	12	23,5	2	6,9
16-20 Min.	79	22,3	17	33,3	9	31,0
21-25 Min.	6	1,7	3	5,9	2	6,9
ca. 30 Min.	95	26,8	9	17,6	5	17,2
30-60 Min.	57	16,1	3	5,9	7	24,1
1-2 Std.	19	5,4	0	0,0	2	6,9
über 2 Std.	2	0,6	0	0,0	0	0,0
k.A.	3	0,8	0	0,0	1	3,4
	354	100,0	51	100,0	29	100,0

Camper (in %, 100%=29)

	bis 5 Min.		6-10 Min.		11-15 Min.		16-20 Min.		21-25 Min.	
	abs.	in %	abs.	in %	abs.	in %	abs.	in %	abs.	in %
Frankfurt (60)	0	0,0	0	0,0	1	2,9	3	8,6	1	2,9
Offenbach	0	0,0	0	0,0	0	0,0	0	0,0	0	0,0
Langen	1	2,9	0	0,0	0	0,0	3	8,6	0	0,0
Darmstadt	0	0,0	0	0,0	0	0,0	0	0,0	0	0,0
Groß Gerau	0	0,0	0	0,0	0	0,0	0	0,0	0	0,0
Frankfurt (65)	0	0,0	0	0,0	1	2,9	2	5,7	0	0,0
	1	2,9	0	0,0	2	5,7	8	22,9	1	2,9

	ca. 30 Min.		30-60 Min.		1-2 Std.		üb. 2 Std.	
	abs.	in %	abs.	in %	abs.	in %	abs.	in %
Frankfurt (60)	1	2,9	0	0,0	0	0,0	0	0,0
Offenbach	1	2,9	0	0,0	0	0,0	0	0,0
Langen	0	0,0	2	5,7	0	0,0	0	0,0
Darmstadt	0	0,0	0	0,0	0	0,0	0	0,0
Groß Gerau	0	0,0	0	0,0	0	0,0	0	0,0
Frankfurt (65)	0	0,0	0	0,0	0	0,0	0	0,0
	2	5,7	2	5,7	0	0,0	0	0,0

3. **Nutzung des Langener Waldsees in ihrer zeitlichen und räumlichen Verteilung**

Sind Sie das erste Mal hier?

	Badegäste		Wassersportler		Camper	
	abs.	in %	abs.	in %	abs.	in %
Ja	73	20,6	5	9,8	2	6,9
Nein	275	77,7	44	86,3	26	89,7
k.A.	6	1,7	2	3,9	1	3,4
	354	100,0	51	100,0	29	100,0

Sind Sie alleine hier oder in Begleitung?

	Badegäste		Wassersportler		Camper	
	abs.	in %	abs.	in %	abs.	in %
allein	73	20,6	12	23,5	3	10,3
mit mehreren	277	78,2	39	76,5	25	86,2
k.A.	4	1,1	0	0,0	1	3,4
	354	100,0	51	100,0	29	100,0
mit Partner	113	31,9	21	41,2	19	65,5
mit Eltern	15	4,2	4	7,8	1	3,4
1 Kind	34	9,6	7	13,7	4	13,8
2 Kinder	18	5,1	5	9,8	4	13,8
3 Kinder	6	1,7	1	2,0	2	6,9
>3 Kinder	2	0,6	1	2,0	0	0,0
1 Geschwister	8	2,3	3	5,9	0	0,0
2 Geschwister	2	0,6	1	2,0	0	0,0
>2 Geschwister	1	0,3	1	2,0	0	0,0
1 Freund	57	16,1	6	11,8	1	3,4
2 Freunde	43	12,1	4	7,8	1	3,4
3 Freunde	20	5,6	5	9,8	0	0,0
>3 Freunde	32	9,0	4	7,8	3	10,3
1 "Sonstiger"	0	0,0	0	0,0	0	0,0
2 "Sonstige"	2	0,6	2	3,9	0	0,0
>2 "Sonstige"	3	0,8	0	0,0	0	0,0

Wie lange bleiben Sie normalerweise hier?

	Camper	
	abs.	in %
1 bis 2 Tage	10	34,5
bis 1 Woche	6	20,7
1 bis 2 Wochen	1	3,4
2 bis 4 Wochen	4	13,8
>4 Wochen	8	27,6
k.A.	0	0,0
	29	100,0

	Badegäste		Wassersportler	
	abs.	in %	abs.	in %
bis 1h	3	0,8	0	0,0
1 bis 2h	17	4,8	3	5,9
2 bis 3h	79	22,3	7	13,7
3 bis 5h	141	39,8	15	29,4
über 5h	93	26,3	26	51,0
k.A.	21	5,9	0	0,0
	354	100,0	51	100,0

Badegäste – Wie lange bleiben Sie normalerweise hier/Alter

	bis 30 Jahre (174=100%)		30 bis 50 Jahre (122=100%)		über 50 Jahre (49=100%)	
	abs.	in %	abs.	in %	abs.	in %
bis 1 Std.	1	0,6	0	0,0	2	4,1
1 bis 3 Std.	37	21,3	31	25,4	10	20,4
über 3 Std.	119	68,4	78	63,9	29	59,2

Badegäste – Wie lange bleiben Sie normalerweise hier/Personen im Haushalt

	1 Person (83=100%)		2 Personen (121=100%)		3 Personen und mehr (143=100%)	
	abs.	in %	abs.	in %	abs.	in %
bis 1 Std.	1	1,2	2	1,7	0	0,0
1 bis 3 Std.	28	33,7	20	16,5	28	19,6
über 3 Std.	49	59,0	86	71,1	95	66,4

Badegäste – Wie lange bleiben Sie normalerweise hier/Familienstand

	allein (212=100%)		mit Partner (133=100%)	
	abs.	in %	abs.	in %
bis 1 Std.	2	0,9	1	0,8
1 bis 3 Std.	52	24,5	25	18,8
über 3 Std.	142	67,0	87	65,4

Badegäste – Wie lange bleiben Sie normalerweise hier/Einkommen

	bis 2500 DM (61=100%)		2500 - 5000 DM (60=100%)		über 5000 DM (22=100%)	
	abs.	in %	abs.	in %	abs.	in %
bis 1 Std.	2	3,3	0	0,0	0	0,0
1 bis 3 Std.	16	26,2	18	30,0	5	22,7
über 3 Std.	39	63,9	39	65,0	14	63,6

Badegäste – Wie lange bleiben Sie normalerweise hier/Geschlecht

	Männer (195=100%)		Frauen (155=100%)	
	abs.	in %	abs.	in %
bis 1 Std.	2	1,0	1	0,6
1 bis 3 Std.	46	23,6	33	21,3
über 3 Std.	125	64,1	105	67,7

Badegäste – Wie lange bleiben Sie normalerweise hier/Erstbesucher

	Erstbesucher (73=100%)		Nicht-Erstbesucher (275=100%)	
	abs.	in %	abs.	in %
bis 1 Std.	1	1,4	2	0,7
1 bis 3 Std.	12	16,7	67	24,4
über 3 Std.	39	54,2	193	70,2

Badegäste – Wie lange bleiben Sie normalerweise hier/Alleinbesucher

	Alleinbesucher (73=100%)		in Begleitung (277=100%)	
	abs.	in %	abs.	in %
bis 1 Std.	2	2,7	1	0,4
1 bis 3 Std.	32	43,8	47	17,0
über 3 Std.	36	49,3	197	71,1

Badegäste – Wie lange bleiben Sie normalerweise hier/Verkehrsmittel der Anreise

	zu Fuß/Rad (85=100%)		ÖPNV 14=100%		PKW/Motorrad (255=100%)	
	abs.	in %	abs.	in %	abs.	in %
bis 1 Std.	3	3,5	0	0,0	0	0,0
1 bis 3 Std.	23	27,1	1	7,1	56	22,0
über 3 Std.	43	50,6	13	92,9	177	69,4

Badegäste – Wie lange bleiben Sie normalerweise hier/Allgemeine Bewertung

	sehr gut/gut (298=100%)		teils/teils (42=100%)		schlecht/sehr schlecht (7=100%)	
	abs.	in %	abs.	in %	abs.	in %
bis 1 Std.	2	0,7	1	2,4	0	0,0
1 bis 3 Std.	62	20,8	16	38,1	0	0,0
über 3 Std.	206	69,1	22	52,4	3	42,9

Nennen Sie die Tage, an denen Sie hauptsächlich hierher kommen (Mehrfachnennung möglich)

	Badegäste		Wassersportler	
	abs.	in %	abs.	in %
Mo-Do	159	44,9	23	45,1
Fr	136	38,4	33	64,7
Sa-So	219	61,9	45	88,2
k.A.	50	14,1	1	2,0

Kommen Sie auch während des Urlaubes/der Schulferien hierher?

	Badegäste		Wassersportler	
	abs.	in %	abs.	in %
Ja	183	51,7	46	90,2
Nein	85	24,0	5	9,8
k.A.	86	24,3	0	0,0
	354	100,0	51	100,0

Wenn Sie auch während des Urlaubes/der Schulferien hierher kommen: Wie oft?

	Badegäste		Wassersportler	
	abs.	in %	abs.	in %
1 Mal/Woche	40	11,3	4	7,8
2 Mal/Woche	29	8,2	7	13,7
3 Mal/Woche	39	11,0	10	19,6
4 Mal/Woche	11	3,1	11	21,6
öfter	53	15,0	7	13,7

Wie oft kommen Sie bei Badewetter hierher?

	Badegäste		Wassersportler	
	abs.	in %	abs.	in %
Täglich	47	13,3	8	15,7
1 Mal/Woche	35	9,9	6	11,8
2 Mal/Woche	39	11,0	8	15,7
3 Mal/Woche	24	6,8	8	15,7
mehr als 3 Mal/Woche	11	3,1	9	17,6
1 Mal/Monat	17	4,8	1	2,0
2 Mal/Monat	16	4,5	4	7,8
3 Mal/Monat	14	4,0	3	5,9
mehr als 3 Mal/Monat	5	1,4	0	0,0
1 Mal/Jahr	22	6,2	1	2,0
2 Mal/Jahr	22	6,2	0	0,0
3 Mal/Jahr	11	3,1	0	0,0
mehr als 3 Mal/Jahr	23	6,5	0	0,0
k.A.	68	19,2	3	5,9
	354	100,0	51	100,0

Wie oft kommen Sie bei Nichtbadewetter hierher?

	Badegäste		Wassersportler	
	abs.	in %	abs.	in %
Täglich	8	2,3	4	7,8
1 Mal/Woche	10	2,8	9	17,6
2 Mal/Woche	8	2,3	8	15,7
3 Mal/Woche	2	0,6	1	2,0
mehr als 3 Mal	0	0,0	3	5,9
1 Mal/Monat	9	2,5	3	5,9
2 Mal/Monat	3	0,8	4	7,8
3 Mal/Monat	1	0,3	2	3,9
mehr als 3 Mal	0	0,0	1	2,0
1 Mal/Jahr	13	3,7	0	0,0
2 Mal/Jahr	10	2,8	2	3,9
3 Mal/Jahr	5	1,4	0	0,0
mehr als 3 Mal	5	1,4	1	2,0
gar nicht	222	62,7	9	17,6
k.A.	58	16,4	4	7,8
	354	100,0	51	100,0

Badegäste – Wie oft kommen Sie hierher/Alter

Badewetter	bis 30 Jahre (174=100%)		30 bis 50 Jahre (122=100%)		über 50 Jahre (49=100%)	
	abs.	in %	abs.	in %	abs.	in %
tägl./x Mal/Woche	65	37,4	53	43,4	32	65,3
x Mal / Monat / selten	78	44,8	40	32,8	10	20,4
gar nicht	0	0,0	0	0,0	0	0,0

Nichtbadewetter	bis 30 Jahre (174=100%)		30 bis 50 Jahre (122=100%)		über 50 Jahre (49=100%)	
	abs.	in %	abs.	in %	abs.	in %
tägl./x Mal/Woche	9	5,2	7	5,7	9	18,4
x Mal / Monat/ selten	20	11,5	18	14,8	2	4,1
gar nicht	110	63,2	77	63,1	30	61,2

Badegäste – Wie oft kommen Sie hierher/Personen im Haushalt

Badewetter	1 Person (83=100%)		2 Personen (121=100%)		3 Personen und mehr (143=100%)	
	abs.	in %	abs.	in %	abs.	in %
tägl./x Mal/Woche	36	43,4	56	46,3	59	41,3
x Mal / Monat/ selten	30	36,1	42	34,7	43	30,1
gar nicht	0	0,0	0	0,0	0	0,0

Nichtbadewetter	1 Person (83=100%)		2 Personen (121=100%)		3 Personen und mehr (143=100%)	
	abs.	in %	abs.	in %	abs.	in %
tägl./x Mal/Woche	5	6,0	8	6,6	13	9,1
x Mal / Monat/ selten	11	13,3	15	12,4	20	14,0
Gar nicht	53	63,9	81	66,9	83	58,0

Badegäste – Wie oft kommen Sie hierher/Familienstand

Badewetter	allein (212=100%)		mit Partner (133=100%)	
	abs.	in %	abs.	in %
tägl./x Mal/Woche	92	43,4	61	45,9
x Mal / Monat/ selten	86	40,6	36	27,1
gar nicht	0	0,0	0	0,0

Nichtbadewetter	allein (212=100%)		mit Partner (133=100%)	
	abs.	in %	abs.	in %
tägl./x Mal/Woche	14	6,6	13	9,8
x Mal / Monat/ selten	26	12,3	20	15,0
gar nicht	142	67,0	74	55,6

Badegäste – Wie oft kommen Sie hierher/Einkommen

Badewetter	bis 2500 DM (61=100%)		2500 - 5000 DM (60=100%)		über 5000 DM (22=100%)	
	abs.	in %	abs.	in %	abs.	in %
tägl./x Mal/Woche	20	32,8	23	38,3	11	50,0
x Mal / Monat/ selten	31	50,8	28	46,7	8	36,4
gar nicht	0	0,0	0	0,0	0	0,0

Nichtbadewetter	bis 2500 DM (61=100%)		2500 - 5000 DM (60=100%)		über 5000 DM (22=100%)	
	abs.	in %	abs.	in %	abs.	in %
tägl./x Mal/Woche	3	4,9	4	6,7	3	13,6
x Mal / Monat/ selten	12	19,7	12	20,0	2	9,1
gar nicht	37	60,7	40	66,7	14	63,6

Badegäste – Wie oft kommen Sie hierher/Geschlecht

Badewetter	Männer (195=100%)		Frauen (155=100%)	
	abs.	in %	abs.	in %
tägl./x Mal/Woche	87	44,6	65	41,9
x Mal / Monat/ selten	71	36,4	60	38,7
gar nicht	0	0,0	0	0,0

Nichtbadewetter	Männer (195=100%)		Frauen (155=100%)	
	abs.	in %	abs.	in %
tägl./x Mal/Woche	14	7,2	13	8,4
x Mal / Monat/ selten	23	11,8	23	14,8
gar nicht	126	64,6	93	60,0

Badegäste – Wie oft kommen Sie hierher/Erstbesucher

Badewetter	Erstbesucher (73=100%)		Nicht-Erstbesucher (275=100%)	
	abs.	in %	abs.	in %
tägl./x Mal/Woche	5	6,9	149	54,2
x Mal / Monat/ selten	15	20,8	114	41,5
gar nicht	0	0,0	0	0,0

Nichtbadewetter	Erstbesucher (73=100%)		Nicht-Erstbesucher (275=100%)	
	abs.	in %	abs.	in %
tägl./x Mal/Woche	2	2,8	26	9,5
x Mal / Monat/ selten	5	6,9	41	14,9
gar nicht	21	29,2	198	72,0

Badegäste – Wie oft kommen Sie hierher/Alleinbesucher

Badewetter	Alleinbesucher (73=100%)		in Begleitung (277=100%)	
	abs.	in %	abs.	in %
tägl./x Mal/Woche	43	58,9	113	40,8
x Mal / Monat/ selten	24	32,9	106	38,3
gar nicht	0	0,0	0	0,0

Nichtbadewetter	Alleinbesucher (73=100%)		in Begleitung (277=100%)	
	abs.	in %	abs.	in %
tägl./x Mal/Woche	8	11,0	20	7,2
x Mal / Monat/ selten	7	9,6	39	14,1
gar nicht	53	72,6	168	60,6

Badegäste – Wie oft kommen Sie hierher/Aufenthaltsdauer

Badewetter	bis 1 Std. (3=100%)		1 bis 3 Std. (79=100%)		über 3 Std. (234=100%)	
	abs.	in %	abs.	in %	abs.	in %
tägl./x Mal/Woche	2	66,7	31	39,2	122	52,1
x Mal / Monat/ selten	1	33,3	36	45,6	77	32,9
gar nicht	0	0,0	0	0,0	0	0,0

Nichtbadewetter	bis 1 Std. (3=100%)		1 bis 3 Std. (79=100%)		über 3 Std. (234=100%)	
	abs.	in %	abs.	in %	abs.	in %
tägl./x Mal/Woche	2	66,7	8	10,1	17	7,3
x Mal / Monat/ selten	0	0,0	11	13,9	30	12,8
gar nicht	1	33,3	52	65,8	161	68,8

Badegäste – Wie oft kommen Sie hierher/Verkehrsmittel der Anreise

Badewetter	zu Fuß/Rad (85=100%)		ÖPNV (14=100%)		PKW/Motorrad (255=100%)	
	abs.	in %	abs.	in %	abs.	in %
tägl./x Mal/Woche	38	44,7	3	21,4	123	48,2
x Mal / Monat/ selten	30	35,3	5	35,7	77	30,2
gar nicht	0	0,0	0	0,0	0	0,0

Nichtbadewetter	zu Fuß/Rad (85=100%)		ÖPNV (14=100%)		PKW/Motorrad (255=100%)	
	abs.	in %	abs.	in %	abs.	in %
tägl./x Mal/Woche	12	14,1	1	7,1	15	5,9
x Mal / Monat/ selten	10	11,8	3	21,4	33	12,9
gar nicht	50	58,8	6	42,9	166	65,1

Badegäste – Wie oft kommen Sie hierher/Allgemeine Bewertung

Badewetter	sehr gut/gut (298=100%)		teils/teils (42=100%)		schlecht/sehr schlecht (7=100%)	
	abs.	in %	abs.	in %	abs.	in %
tägl./x Mal/Woche	147	49,3	8	19,0	0	0,0
x Mal / Monat/ selten	86	28,9	23	54,8	3	42,9
gar nicht	0	0,0	0	0,0	0	0,0

Nichtbadewetter	sehr gut/gut (298=100%)		teils/teils (42=100%)		schlecht/sehr schlecht (7=100%)	
	abs.	in %	abs.	in %	abs.	in %
tägl./x Mal/Woche	28	9,4	0	0,0	0	0,0
x Mal / Monat/ selten	40	13,4	4	9,5	1	14,3
gar nicht	188	63,1	29	69,0	2	28,6

Unterschiedliche Nutzungszonen

Badegäste					
FKK		"wild"		ges.	
abs.	in %	abs.	in %	abs.	in %
60	16,9	18	5,1	354	100,0

Welche Strecke legen Sie zurück?

	Fußgänger (27=100%)	
	abs.	in %
< 5 km	8	29,6
5 bis 10 km	11	40,7
10 bis 20 km	2	7,4
> 20 km	3	11,1
k.A.	3	11,1
	27	100,0

	Radfahrer (155=100%)	
	abs.	in %
< 10 km	26	16,8
10 bis 20 km	47	30,3
20 bis 40 km	37	23,9
40 bis 60 km	28	18,1
> 60 km	7	4,5
k.A.	10	6,5
	155	100,0

Wie lange werden Sie heute unterwegs sein?

	Fußgänger (27=100%)		Radfahrer (155=100%)	
	abs.	in %	abs.	in %
bis 30 Min.	3	11,1	14	9,0
31 bis 60 Min.	7	25,9	20	12,9
61 bis 120 Min.	9	33,3	44	28,4
über 120 Min.	6	22,2	71	45,8
k.A.	2	7,4	6	3,9
	27	100,0	155	100,0

Warum haben Sie den Weg entlang des Langener Waldsees gewählt?

	Fußgänger (27=100%)		Radfahrer (155=100%)	
	abs.	in %	abs.	in %
schöne Umgebung	4	14,8	74	47,7
verkehrsfrei	2	7,4	10	6,5
Zufall	2	7,4	28	18,1
bekannte Wege	7	25,9	21	13,5
Ausstattung	2	7,4	14	9,0
Seebesucher	11	40,7	12	7,7
k.A.	1	3,7	0	0,0

4. Aktivitätenspektrum der Besucher am Langener Waldsee

Aktivitäten bei Bade-/Nichtbadewetter

Badewetter	Badegäste		Wassersportler		Camper	
	abs.	in %	abs.	in %	abs.	in %
Lernen	19	5,4	13	25,5	4	13,8
Lesen	192	54,2	23	45,1	14	48,3
Natur beobachten	44	12,4	30	58,8	7	24,1
Radfahren	21	5,9	27	52,9	3	10,3
Ausruhen	186	52,5	27	52,9	18	62,1
Schwimmen	323	91,2	44	86,3	28	96,6
Sonnen	274	77,4	38	74,5	21	72,4
sonstiges	32	9,0	12	23,5	4	13,8
Spazieren	14	4,0	14	27,5	4	13,8
Spielen	108	30,5	20	39,2	18	62,1
Zusammensein	178	50,3	38	74,5	19	65,5

Nichtbadewetter	Badegäste		Wassersportler		Camper	
	abs.	in %	abs.	in %	abs.	in %
Lernen	4	1,1	6	11,8	4	13,8
Lesen	25	7,1	9	17,6	15	51,7
Natur beobachten	13	3,7	13	25,5	6	20,7
Radfahren	8	2,3	9	17,6	1	3,4
Ausruhen	39	11,0	10	19,6	13	44,8
Schwimmen	28	7,9	5	9,8	4	13,8
Sonnen	11	3,1	3	5,9	0	0,0
sonstiges	8	2,3	9	17,6	5	17,2
Spazieren	13	3,7	12	23,5	6	20,7
Spielen	28	7,9	11	21,6	13	44,8
Zusammen-sein	29	8,2	20	39,2	19	65,5

Welche Einrichtungen nutzen Sie hier? (Mehrfachnennung möglich)

	Badegäste		Wassersportler		Camper	
	abs.	in %	abs.	in %	abs.	in %
san. Anlagen	245	69,2	29	56,9	20	69,0
Kiosk	240	67,8	1	2,0	7	24,1
Sportanlagen	53	15,0	4	7,8	13	44,8
Wege	6	1,7	0	0,0	1	3,4
Vereinsheim	0	0,0	1	2,0	0	0,0
k.A.	48	13,6	13	25,5	3	10,3

Wie verpflegen Sie sich hier? (Mehrfachnennung möglich)

	Badegäste		Wassersportler		Camper	
	abs.	in %	abs.	in %	abs.	in %
Selbstversorgung	273	77,1	42	82,4	28	96,6
Kiosk	212	59,9	6	11,8	11	37,9
Picknick	2	0,6	2	3,9	0	0,0
Kantine	1	0,3	7	13,7	4	13,8
k.A.	17	4,8	3	5,9	0	0,0

Wie beurteilen Sie das gastronomische Angebot? (Mehrfachnennung möglich)

	Badegäste		Wassersportler		Camper	
	abs.	in %	abs.	in %	abs.	in %
positiv	94	26,6	9	17,6	9	31,0
teils/teils	119	33,6	5	9,8	10	34,5
negativ	35	9,9	11	21,6	8	27,6
k.A.	106	29,9	26	51,0	2	6,9
	354	100,0	51	100,0	29	100,0

Wieviel Geld geben Sie heute hier durchschnittlich pro Person aus (Angaben in DM)?

	Badegäste			Wassersportler			Camper		
	∅	Std.-Abw.	Max.	∅	Std.-Abw.	Max.	∅	Std.-Abw.	Max.
Essen/Getränke	6,53	8,87	75,00	3,73	5,39	20,00	8,89	10,30	30,00
Fahrtkosten	5,74	5,74	35,00	3,08	6,32	30,00	15,96	11,27	40,00
sonstiges	0,59	2,19	25,00	3,92	28,01	200,00	-	-	-

5. Langener Waldsee – Bewertung einer Freizeiteinrichtung

Woher kennen Sie dieses Erholungsgebiet? (Mehrfachnennung möglich)

	Badegäste		Wassersportler		Camper	
	abs.	in %	abs.	in %	abs.	in %
Freunde/Bekannte/Familie	182	51,4	18	35,3	25	86,2
wohne in der Nähe	99	28,0	15	29,4	1	3,4
Werbung/Empfehlung	30	8,5	4	7,8	0	0,0
Zeitung	24	6,8	6	11,8	0	0,0
vom Sehen	15	4,2	0	0,0	1	3,4
k.A.	9	2,5	7	13,7	0	0,0

Besuchen Sie noch andere Badeseen?

	Badegäste		Wassersportler	
	abs.	in %	abs.	in %
Ja	153	43,2	15	29,4
Nein	192	54,2	30	58,8
k.A.	9	2,5	6	11,8
		0,0	51	100,0

Welche? (Mehrfachnennung möglich)

	Badegäste	
	abs.	in %
Walldorfer See	51	14,4
Nieder-Roden (Kiessee)	16	4,5
Dietzer See	4	1,1
Groß-Krotzenburg	10	2,8
Aje	2	0,6
Mainflingen	6	1,7
Kelsterbach	6	1,7
Gederner See	2	0,6
Leeheimer See	2	0,6
Raunheimer See	10	2,8
Rüsselsheim	1	0,3
Region Gießen	1	0,3
Region Marburg	1	0,3
Region Weilburg	1	0,3
andere	62	17,5

	Wassersportler	
	abs.	in %
Edertalsperre	2	3,9
Silbersee	1	2,0
Möhnesee	1	2,0
Schluchsee	0	0,0
Bostalsperre	0	0,0
Brombachtalsperre	1	2,0
Altmühlsee	1	2,0
Alster	1	2,0
Steinrotsee	1	2,0
Egelsbacher Kiessee	1	2,0
Woog	1	2,0
viele	3	5,9

Campen Sie auch auf anderen Plätzen?

	Camper	
	abs.	in %
Ja	7	24,1
Nein	22	75,9
k.A.	0	0,0
	29	100,0

Auf welchen?

	Camper	
	Abs.	in %
Inland	4	13,8
Ausland	4	13,8

Wie gefällt Ihnen der Langener Waldsee?

	Badegäste (ges.)		Badegäste (FKK)		Wassersportler		Camper	
	abs.	in %	abs.	in %	abs.	in %	abs.	in %
sehr gut	84	23,7	23	38,3	24	47,10	14	48,3
gut	214	60,5	29	48,3	24	47,1	11	37,9
teils/teils	42	11,9	6	10,0	3	5,9	3	10,3
schlecht	5	1,4	1	1,7	0	0,0	0	0,0
sehr schlecht	2	0,6	1	1,7	0	0,0	0	0,0
k.A.	7	2,0	0	0,0	0	0,0	1	3,4
	354	100,0	60	100,0	51	100,0	29	100,0

Badegäste – Wie gefällt Ihnen der Langener Waldsee/Alter

	bis 30 Jahre (174=100%)		30 bis 50 Jahre (122=100%)		über 50 Jahre (49=100%)	
	abs.	in %	abs.	in %	abs.	in %
sehr gut/gut	140	80,5	103	84,4	46	93,9
teils/teils	26	14,9	14	11,5	2	4,1
schlecht/sehr schlecht	5	2,9	2	1,6	0	0,0

Badegäste – Wie gefällt Ihnen der Langener Waldsee/Personen im Haushalt

	1 Person (83=100%)		2 Personen (121=100%)		3 Personen und mehr (143=100%)	
	abs.	in %	abs.	in %	abs.	in %
sehr gut/gut	71	85,5	110	90,9	111	77,6
teils/teils	9	10,8	9	7,4	23	16,1
schlecht/sehr schlecht	2	2,4	1	0,8	4	2,8

Badegäste – Wie gefällt Ihnen der Langener Waldsee/Familienstand

	allein (212=100%)		mit Partner (133=100%)	
	abs.	in %	abs.	in %
sehr gut/gut	177	83,5	113	85,0
teils/teils	14	6,6	28	21,1
schlecht/sehr schlecht	5	2,4	2	1,5

Badegäste – Wie gefällt Ihnen der Langener Waldsee/Einkommen

	bis 2500 DM (61=100%)		2500 - 5000 DM (60=100%)		über 5000 DM (22=100%)	
	abs.	in %	abs.	in %	abs.	in %
sehr gut/gut	46	75,4	55	91,7	18	81,8
teils/teils	14	23,0	3	5,0	3	13,6
schlecht/sehr schlecht	1	1,6	1	1,7	0	0,0

Badegäste – Wie gefällt Ihnen der Langener Waldsee/Geschlecht, Erstbesucher

	Männer (195=100%)		Frauen (155=100%)		Erstbesucher (73=100%)		Nicht-Erstbesucher (275=100%)	
	abs.	in %	abs.	in %	abs.	in %	abs.	in %
sehr gut/gut	161	82,6	133	85,8	53	73,6	242	88,0
teils/teils	23	11,8	19	12,3	13	18,1	29	10,5
schlecht/sehr schlecht	5	2,6	2	1,3	5	6,9	2	0,7

Badegäste – Wie gefällt Ihnen der Langener Waldsee/Begleitung

	Alleinbesucher (73=100%)		in Begleitung (277=100%)	
	abs.	in %	abs.	in %
sehr gut/gut	58	79,5	239	86,3
teils/teils	12	16,4	30	10,8
schlecht/sehr schlecht	3	4,1	4	1,4

Wie zufrieden sind Sie mit ...

	Note (1=sehr zufrieden, 2=zufriedenstellen, 3=unzufrieden)		
	Badegäste	Wassersportler	Camper
Wasserzustand	1,4	1,2	1,3
Geländezustand	1,9	1,5	1,8
Sicherheit	1,4	1,6	1,5
Freizeitmöglichkeiten Kinder	1,4	1,5	1,7
Freizeitmöglichkeiten Erw.	1,6	1,4	2,0
Gastronomie	1,6	2,1	2,3
Luftqualität	1,4	1,3	1,1
Lärm	1,7	1,8	1,7
sanitäre Anlagen	1,6	1,6	2,7
Sportanlagen	1,4	1,2	2,1
Verkehrsanbindung	1,7	1,8	2,3
Parkplatzangebot	1,9	1,7	1,9
Größe d. Liege-/Seefl.	1,4	1,7	1,5
vorhandener FKK-Ber.	1,1		1,8

Wie bewerten Sie die Wege hinsichtlich Zustand und Ausstattung?

	Fußgänger (27=100%)		Radfahrer (155=100%)	
	abs.	in %	abs.	in %
positiv	22	81,5	127	81,9
teils/teils	1	3,7	19	12,3
negativ	4	14,8	9	5,8
k.A.	0	0,0	0	0,0
	27	100,0	155	100,0

Sind Sie der Meinung, daß der Langener Waldsee zeitweise überbelegt ist?

	Badegäste		Wassersportler		Camper	
	abs.	in %	abs.	in %	abs.	in %
Ja	130	36,7	22	43,1	11	37,9
Nein	177	50,0	19	37,3	18	62,1
k.A.	47	13,3	10	19,6	0	0,0
	354	100,0	51	100,0	29	100,0

Wenn Ja – wann?

	Badegäste		Wassersportler		Camper	
	abs.	in %	abs.	in %	abs.	in %
Badewetter	58	16,4	5	9,8	9	31,0
Wochenende	87	24,6	2	3,9	9	31,0

Beeinflußt das Ihr Verhalten?

	Badegäste		Wassersportler		Camper	
	abs.	in %	abs.	in %	abs.	in %
Ja	81	22,9	8	15,7	2	6,9
Nein	226	63,8	33	64,7	27	93,1
k.A.	47	13,3	10	19,6	0	0,0
	354	100,0	51	100,0	29	100,0

Wenn Ja – wie?

	Badegäste		Wassersportler		Camper	
	abs.	in %	abs.	in %	abs.	in %
kein Besuch	65	18,4	2	3,9	2	6,9
fühle mich gestört	19	5,4	6	11,8	0	0,0

Fühlen Sie sich auf dem Gelände sicher?

	Badegäste (ges.)		Badegäste (FKK)		Wassersportler		Camper	
	abs.	in %	abs.	in %	abs.	in %	abs.	in %
Ja	322	91,0	54	90,0	45	88,2	25	86,2
Nein	32	9,0	6	10,0	6	11,8	4	13,8
k.A.	0	0,0	0	0,0	0	0,0	0	0,0
	354	100,0	60	100,0	51	100,0	29	100,0

Wenn ja – warum?

	Badegäste		Wassersportler		Camper	
	abs.	in %	abs.	in %	abs.	in %
eingezäunt	48	13,6	22	43,1	8	27,6
Aufsicht/Bewachung	101	28,5	5	9,8	16	55,2
DLRG, Rotes Kreuz, Rettungsdienst	35	9,9	2	3,9	2	6,9
viel Betrieb	18	5,1	2	3,9	4	13,8
wenig Betrieb	16	4,5	0	0,0	1	3,4
keine Belästigung/ vernünftige Leute	100	28,2	12	23,5	7	24,1

Fühlen Sie sich auf dem Gelände sicher?

	Fußgänger (27=100%)		Radfahrer (155=100%)	
	abs.	in %	abs.	in %
Ja	24	88,9	132	85,2
Nein	0	0,0	0	0,0
k.A.	3	11,1	23	14,8
	27	100,0	155	100,0

Wenn Ja – warum?

	Fußgänger (27=100%)		Radfahrer (155=100%)	
	abs.	in %	abs.	in %
eingezäunt	3	11,1	21	13,5
Aufsicht	4	14,8	14	9,0
DLRG/Rettung	2	7,4	13	8,4
viel Betrieb	2	7,4	48	31,0
wenig Betrieb	8	29,6	7	4,5
keine Belästigung	1	3,7	27	17,4
sonstiges	3	11,1	0	0,0

Gibt es Konflikte mit anderen Nutzern des Sees?

	Badegäste		Wassersportler		Camper		Fußgänger		Radfahrer	
	abs.	in %	abs.	in %	abs.	in %	abs.	in %	abs.	in %
Ja	26	7,3	15	29,4	3	10,3	3	11,1	9	5,8
Nein	321	90,7	35	68,6	26	89,7	24	88,9	146	94,2
k.A.	7	2,0	1	2,0	0	0,0	0	0,0	0	0,0
	354	100,0	51	100,0	29	100,0	27	100,0	155	100,0

Welche Konflikte gibt es?

	Badegäste (354=100%)		Camper (29=100%)	
	abs.	in %	abs.	in %
Lärmbelästigung	8	2,3	1	2,0
Wasserfahrzeuge	4	1,1	0	0,0
Ausländer	1	0,3	1	2,0
Angler	2	0,6	0	0,0
"Spanner"	4	1,1	1	2,0
zu wenig Grillplätze	1	0,3	0	0,0
k.A.	7	2,0	1	2,0

	Fußgänger (27=100%)		Radfahrer (155=100%)	
	abs.	in %	abs.	in %
Lärm	1	3,7	1	0,6
Wasserfahrzeuge	1	3,7	1	0,6
Hunde	1	3,7	6	3,9

	Wassersportler (51=100%)	
	abs.	in %
illegale Nutzer	3	5,9
Segler	1	2,0
Surfer	1	2,0
Angler	3	5,9
Badegäste	6	11,8
Bootsfahrer	4	7,8
k.A.	1	2,0

Was gefällt Ihnen hier besonders gut?

	Badegäste		Wassersportler		Camper	
	abs.	in %	abs.	in %	abs.	in %
das Wasser, seine Sauberkeit, der See, der Sandstrand	157	44,4	19	37,3	13	44,8
das Wasser, der See mit der schönen Umgebung	104	29,4	15	29,4	12	41,4
die Platzmenge und die Gelegenheit, viele verschiedene Sportarten zu betreiben	56	15,8	8	15,7	2	6,9
das Wasser, die Ruhe hier im Gegensatz zu Schwimmbädern	43	12,1	20	39,2	5	17,2
das FKK-Gelände am Wasser	22	6,2	1	2,0	0	0,0
es ist nicht so voll	19	5,4	4	7,8	1	3,4
Freunde, Bekannte treffen	0	0,0	0	0,0	4	13,8
Nähe zum Wohnort	0	0,0	0	0,0	1	3,4
k.A.	25	7,1	5	9,8	0	0,0

Was gefällt Ihnen hier nicht so gut?

	Badegäste	
	abs.	in %
Sanitäre Anlagen, Duschen, Umkleidekabinen	45	12,7
Parkmöglichkeiten, Schranke	31	8,8
Eintritt und/oder Kiosk zu teuer	36	10,2
zu viel Schmutz, Müll	43	12,1
Aussicht (Baustelle, Bagger)	48	13,6
schlechte Anbindung	18	5,1
Lärmbelästigung (Motocross-Fahrer, Jet-Skis, Party-Gäste)	14	4,0
zu wenig Schatten	42	11,9
Wasser, Steine	28	7,9
Zustand der Wiese, Steine, Sand	78	22,0
k.A.	83	23,4

Was gefällt Ihnen hier aus der Sicht Ihrer Sportart nicht so gut?

	Wassersportler	
	abs.	in %
Wasserfläche zu klein	19	37,3
Badebetrieb	15	29,4
Verunreinigungen (Müll, Dreck etc.)	9	17,6
Umgebung (Kieswerk, zu wenig Grasflächen, See nicht zugewachsen)	19	37,3
Verkehrsanbindung	1	2,0
Rahmenbedingungen, Naturschutzauflagen, Einschränkungen, Aufsicht)	4	7,8
k.A.	5	9,8

Was gefällt Ihnen hier nicht so gut?

	Camper	
	abs.	in %
Lärm (Musik, Verkehr)	7	24,1
sanitäre Anlagen	4	13,8
Parkplätze, feste Stellplätze fehlen	4	13,8
Müll/Verschmutzung	2	6,9
Preise zu hoch	1	3,4
zu viele Ausländer	1	3,4
sonstiges	10	34,5
k.A.	6	20,7

Haben Sie Verbesserungsvorschläge?

	Badegäste	
	abs.	in %
sanitäre Anlagen	52	14,7
Gastronomie/Versorgung	22	6,2
Erreichbarkeit/Parkplatzangebot	58	16,4
Liegefläche	105	29,7
Freizeitangebot	34	9,6
Landschaft/Umwelt/Lärm	59	16,7
Eintrittspreise	17	4,8
k.A.	102	28,8

Die Kategorien beinhalten:

Sanitäre Anlagen	• Sanitäre Anlagen von Campern und Badegästen trennen • Sanitäre Anlagen verbessern • Licht in den Toiletten anbringen • Umkleidekabinen entfernen • Mehr Duschen zur Verfügung stellen
Gastronomie/ Versorgung	• Biergarten eröffnen • Restaurant eröffnen • Preise am Kiosk senken
Erreichbarkeit/ Parkplatzangebot	• Größere Parkflächen anlegen • Parkgebühren verringern • Wiederherstellung der vorher vorhandenen Parkplätze • Pkw-Anbindung verbessern • ÖPNV-Anbindung verbessern • Erreichbarkeit von Langen aus verbessern • Beschilderung zum See verbessern
Liegefläche	• Schattenplätze notwendig • Wiese verbessern • Mehr Sandstand einrichten • Steine in Sand und Wasser entfernen • Liegewiese vergrößern
Freizeitangebot	• Mehr Grillplätze einrichten/vergrößern • Bessere Spielmöglichkeiten für Kinder anbieten • Überschneidung von Sport- und Grillplatz abschaffen • Grillplätze überdachen • Grillplätze mit festem Grill versehen • Bootsverleih einrichten
Landschaft/ Umwelt/Lärm	• Mülleimer und –Container auch für den umliegenden Bereich aufstellen • Aussicht verschönern (Baustelle entfernen, gegenüberliegendes Ufer begrünen) • Motocross verbieten • Wasserqualität verbessern • Begrünung der Anlage insgesamt
Eintrittspreise	• Eintrittspreise senken • Niedrigere Preise für Kurzbesucher

	Wassersportler	
	abs.	in %
bessere Verkehrsanbindung	3	5,9
bessere/mehr Parkmöglichkeiten	2	3,9
Gelände/Umgebung verschönern	19	37,3
bessere Kontrollen	6	11,8
Verbindung beider Seen	2	3,9
mehr/aktivere Werbung	2	3,9
k.A.	18	35,3

Die Kategorien beinhalten:

bessere Verkehrsanbindung	
bessere/mehr Parkmöglichkeiten	
Gelände/Umgebung verschönern	<ul><li>Mehr/besserer Strand</li><li>Größere Seefläche</li><li>Treppen zum Strand</li><li>Verfügbarkeit der Sportgeräte (z.B. Basketballkorb) verbessern</li><li>Eigener Zugang; eigenes Clubhaus</li><li>Inseln mit Schilf</li><li>Fischbesatz</li><li>Uferbepflanzung</li><li>Vorrichtung, damit die Segel nicht immer abgebaut werden müssen</li><li>Aufbewahrungsmöglichkeit für Surfbretter</li><li>Bewirtschaftetes Clubhaus</li></ul>
bessere Kontrollen	<ul><li>Mehr Fischereiaufsicht</li><li>Autos ohne Ausweise</li><li>Behörden sollen Richtlinien für Nutzer verfassen</li><li>Behörden arbeiten bei Anträgen zu langsam</li><li>Angler sollen auf die Surfstege dürfen</li></ul>
Verbindung beider Seen	
mehr/aktivere Werbung	

	Camper	
	abs.	in %
sanitäre Anlagen	8	27,6
spezielle Parkplätze für Camper	4	13,8
Versorgungsanschlüsse	3	10,3
Müllentsorgung	3	10,3
mehr Bäume (für Schatten)	2	6,9
feste Stellplätze	5	17,2
sonstiges	8	27,6
k.A.	11	37,9

Die Kategorien beinhalten:

Sanitäre Anlagen	• Verbessern • Sauberer
Spezielle Parkplätze für Camper	
Versorgungsanschlüsse	• Strom/Wasser
Müllentsorgung	• Verbessern
Mehr Bäume	• Schatten
Feste Stellplätze	

	Fußgänger (27=100%)		Radfahrer (155=100%)	
	abs.	in %	abs.	in %
sanitäre Anlagen	2	7,4	16	10,3
Gastronomie	7	25,9	4	2,6
Erreichbarkeit	1	3,7	8	5,2
Liegefläche	5	18,5	26	16,8
Freizeitangebot	0	0,0	6	3,9
Landschaft	1	3,7	6	3,9
Eintrittspreise	0	0,0	9	5,8
sonstiges	0	0,0	20	12,9

Kategorien s.o.

Kennen Sie die Planungen des Umlandverbandes?

	Badegäste (59=100%)		Wassersportler (20=100%)		Camper (12=100%)		Radfahrer (155=100%)		Fußgänger (27=100%)	
	abs.	in %	abs.	in %	abs.	in %	abs.	in %	abs.	in %
Ja	59	16,7	20	39,2	12	41,4	26	16,8	7	25,9
Nein	294	83,1	30	58,8	17	58,6	129	83,2	20	74,1
k.A.	1	0,3	1	2,0	0	0,0	0	0,0	0	0,0
	354	100,0	51	100,0	29	100,0	155	100,0	27	100,0

Wie stehen Sie diesen Planungen gegenüber?

	Badegäste (59=100%)		Wassersportler (20=100%)		Camper (12=100%)		Radfahrer (26=100%)		Fußgänger (7=100%)	
	abs.	in %	abs.	in %	abs.	in %	abs.	in %	abs.	in %
positiv	24	40,7	8	40,0	5	41,7	10	6,5	2	7,4
teils/teils	21	35,6	9	45,0	5	41,7	11	7,1	1	3,7
negativ	10	16,9	3	15,0	2	16,7	5	3,2	4	14,8
k.A.	4	6,8	0	0,0	0	0,0	0	83,2	0	74,1
	59	100,0	20	100,0	12	100,0	26	100,0	7	100,0

MATERIALIEN

Herausgegeben von K. WOLF/Institut für Kulturgeographie, Stadt- und Regionalforschung der J.W. Goethe-Universität Frankfurt am Main. Schriftleitung: F. SCHYMIK

1974	Nr. 1 KLAUS WOLF, PETER JURCZEK, PETER ROTH, JENS SCHULZE: Struktur und Entwicklung von Freizeit und Fremdenverkehr im Odenwaldkreis. 239 Seiten mit 37 Abb. und 12 Tab. *Vergriffen*.
1975	Nr. 2 SUBURBANE TRANSFORMATIONSPROZESSE IN VERDICHTUNGSRÄUMEN DER NIEDERLANDE. Herausgegeben von Klaus Wolf unter Mitwirkung von Franz Schymik und Elke Tharun. Mit Beiträgen von U. Bös /J. G. Borchert / F.-D. Buchheimer / B. Dittmar / K. Gathof /J. Holzhauer / P. Jurczek / D. Krüger-Röth / B. Kubenka / H. J. Müller / N. H. Noisser / I. Ohlig / H. Wielpütz / S. Winners / K. Wolf. 194 Seiten mit 16 Abb. und 17 Tab. *Vergriffen*.
1975	Nr. 3 NAHERHOLUNG / STUDENTISCHES WOHNEN. Ortwin Gierhake: Probleme der Naherholung im Verdichtungsraum Rhein-Main, untersucht am Beispiel des Campingplatzes "Bärensee" (bei Hanau); Peter Jurczek: Geographierelevante Überlegungen zum studentischen Wohnen. Darstellung der studentischen Wohnverhältnisse als Ursache für Kontaktschwierigkeiten bei Studenten. 132 Seiten mit 5 Abb. DM 12,00.
1976	Nr. 4 VARIA I. Klaus Wolf: Bemerkungen zum innerstädtischen Freizeitverhalten am Beispiel der Stadt Speyer am Rhein; Bodo Freund: Probleme der Flächennutzung in einem Naherholungsort am Beispiel Pfaffenwiesbach; Friedel Sauerwein: Waldneuanlagen im Hessischen Odenwald 1960 - 1971. 97 Seiten mit 11 Abb. und 14 Tab. DM 10,00.
1976	Nr. 5 SOZIALGEOGRPAHISCHE FRAGESTELLUNGEN. Beiträge zum Symposium in Ljubljana/Maribor, im Oktober 1975. Herausgegeben von Klaus Wolf. Mit Beiträgen von I. Braun / K. Gathof / H.-G. Glaeßer / R. Hantschel / P. Jurczek / D. Krüger-Röth / P. Roth / F. Schymik / E. Tharun / K. Wolf / M. Jersic / M. Klemencic / Vl. Klemencic / J. Medved / M. Pak / M. Ravbar / D. Uranjek / I. Vriser / B. Belec / B. Kert / L. Olas / M. Zgonik. 173 Seiten, mit 20 Abb. und 23 Tab. DM 26,50.
1978	Nr. 6 KLAUS WOLF, PETER JURCZEK, FRANZ SCHYMIK unter Mitwirkung einer studentischen Projektgruppe: Errichtung, Struktur und Nutzung von Feriendörfern in Mittelgebirgen. Modellanalyse "Ostertal"/Odenwald und "Herbstein"/Vogelsberg. 322 Seiten mit 25 Abb., 101 Tab. und Anlagen. DM 36,00.
1981	Nr. 7 KLAUS WOLF, KURT GATHOF unter Mitarbeit einer studentischen Projektgruppe: Nutzungsstrukturen in der Naherholung, erläutert am Beispiel Frankfurt-Sossenheim. Die Nutzwertanalyse als sozialgeographisches Bewertungsverfahren zur Bestimmung des Versorgungsgrades des Stadtteils Frankfurt-Sossenheim mit Freizeitinfrastruktur. 143 Seiten mit 24 Abb., 2 Übersichten und 15 Tab. DM 18,50. ISBN 3923218-00-1.
1984	Nr. 8 KLAUS WOLF zusammen mit ASTRID WIEMANN, WERNER BÖHM, THOMAS FRIEDERICH, NORBERT KORDEY: Aktionsräumliches Freizeit verhalten Jugendlicher am Frankfurter Stadtrand, erläutert am Beispiel Frankfurt-Sossenheim. Ergebnisse einer studentischen Projektgruppe. 216 Seiten mit 59 Abb. und 84 Tab. DM 26,00. ISBN 3-923218-01-X.
1984	Nr. 9 KLAUS WOLF, FRANZ SCHYMIK (Hrsg.): Urbane und suburbane Entwicklung im Rhein-Main-Gebiet (Bundesrepublik Deutschland) und Slowenien (Jugoslawien) im Vergleich. Beiträge zum Symposium in Frankfurt am Main, im Oktober 1983. 174 Seiten. DM 22,00. ISBN 3-923218-02-8.

1986	Nr. 10 NORBERT KORDEY: Raumstrukturelle Wirkungen neuer Informations- und Kommunikationstechnologien, dargestellt anhand der Strategien öffentlicher Verwaltungen und unternehmerischer Standortentscheidungen. 205 Seiten mit 46 Abb. und 14 Tab., 40 Seiten Anhang. DM 28,00. ISBN 3-923218-03-6.
1987	Nr. 11 WILHELM STEINGRUBE, REINER DÖLGER: TOPOLOG - ein Programmsystem zur Erzeugung topologischer Karten. 32 Seiten mit 14 Abb. DM 8,00. ISBN 3-923218-04-4.
1987	Nr. 12 RUTH BÖRDLEIN: Informationstechnisch bedingte raumstrukturelle Veränderungen im Frankfurter Umland, untersucht am Beispiel der Anbieter neuer Informations- und Kommunikationstechnologien. 202 Seiten mit 34 Abb. und 39 Tab., 24 Seiten Anhang. DM 26,00. ISBN 3-923218-05-2.
1989	Nr. 13 WOLF, KLAUS , GUDRUN OTTO und eine studentische Projektgruppe (herausgegeben und bearbeitet): Regionalbewußtsein im Hessischen Ried. Ansätze zur Begriffsbestimmung, räumlichen Dimensionierung und Interpretation. 274 Seiten m. Tabellen, Karten und Abbildungen. DM 26,00. ISBN 3-923218-06-0.
1991	Nr. 14 SUSANNE KREINZ: Wohnungsversorgung als kommunale Aufgabe. Zur gesamtgesellschaftlichen Einbindung der Wohnungspolitik Frankfurts in den 20er Jahren. 189 Seiten mit 21 Abb., 16 Tab. und Anhang. DM 24,00. ISBN 3-923218-07-9.
1992	Nr. 15 WOLF, KLAUS, STEINGRUBE, WILHELM, HELLBERG, UTE, KORINTH, HELGA, SCHÄFLEIN, SUSANNE: Raumansprüche bewegungsorientierter Freizeitaktivitäten im Rhein-Main-Gebiet. VII und 73 Seiten mit 13 Tab. und 13 Abb. DM 12,00. ISBN 3-923218-08-7.
1994	Nr. 16 RONALD ODEHNAL: Truppenreduzierungen und Stadtentwicklung - Zielvorstellungen, Maßnahmen und Instrumente im Zusammenhang mit der Umnutzung aufgelassener Militärliegenschaften, erläutert am Beispiel der Städte Diez, Gießen und Frankfurt am Main. 231 Seiten mit 11 Tab. u. 27 Abb. DM 28,00. ISBN 3-923218-10-9.
1994	Nr. 17 RUTH BÖRDLEIN: Geographinnen an Hochschulen in der Bundesrepublik Deutschland, Österreich und der Schweiz. 100 Seiten mit 35 Tab. u. 3 Abb. DM 14,00. ISBN 3-923218-11-7.
1994	Nr. 18 WOLF, KLAUS, CLAUDIA MARIA SCHOLZ: Stadtentwicklung Bensheim an der Bergstraße. 492 Seiten mit 58 Abb. und 2 Farbkarten. DM 40,00. ISBN 3-923218-9-5.
1995	Nr.19 PATRICK KEMPF : Konzepte und Möglichkeiten der Baulandmobilisierung. BARBARA REHM: Städtebauliche Entwicklungsmaßnahmen nach dem Maßnahmengesetz zum Baugesetzbuch. 208 Seiten. DM 20,00. ISBN 3-923218-12-5.
1997	Nr. 20 WOLF, KLAUS u.a.: Evaluierung einer wasserbezogenen Freizeiteinrichtung im großstädtischen Verdichtungsraum am Beispiel des Schultheis-Weihers in Offenbach am Main. Teil 1: Erhebung der Nachfrage im Zielgebiet; Teil 2: Ergebnisse der Befragung der Anwohner der angrenzenden Stadtteile Bürgel, Fechenheim und Rumpenheim. WOLF, KLAUS u.a.: Strukturanalyse des Fremdenverkehrs in Oberammergau. 412 Seiten. DM 34,00. ISBN 3-923212-13-3.
1997	Nr. 21 WOLF, KLAUS und ELKE THARUN (Hrsg.): Einzelhandelsentwicklung (Vorträge einer Tagung am 24. November 1995) und Zielorientierte Regionale Geographie (Vorträge einer Tagung am 22. November 1996). 223 Seiten. DM 20,00. ISBN 3-923218-14-1.

1998	Nr. 22 CLAUDIA SCHMEDES: Das hessische Dorferneuerungsprogramm im Spannungsfeld von administrativer Wirklichkeit und dörflichem Lebensraum. 152 Seiten. DM 16,00. ISBN 3-923218-15-X.
1998	Nr. 23 WILFRIED KÖRNER: Der Frankfurter Grüngürtel als sozialer Raum: Diskurse, Raumbilder und Netzwerke - das Beispiel Sossenheim. 152 Seiten. DM 20,00. ISBN 3-923218-16-8.
1998	Nr. 24 WOLF, KLAUS und ELKE THARUN (Hrsg.): Verkehrsplanung und städtebauliche Entwicklung. (Vorträge eines Symposiums am 21. November 1997). 96 Seiten. DM 14,00. ISBN 3-923218-17-6.
1998	Nr. 25 JENS PETER SCHELLER: Rhein - Main. Eine Region auf dem Weg zur politischen Existenz. 228 Seiten, 25 Abb., 10 Karten, Anhang. DM 24,00. ISBN 3-923218-18-4.
1999	Nr. 26 CHRISTIAN ROHRBACH: Regionale Identität im Global Village - Chance oder Handicap für die Regionalentwicklung? 149 Seiten, 26 Tab., 16 Abb., 11 Karten, Anhang. DM 20,00. ISBN 3-923218-19-2.
1999	Nr. 27 WOLF, KLAUS und CLAUDIA MARIA SCHOLZ: Bebauung "Am Riedberg Frankfurt am Main". Vorschlag zur funktionalen und sozialräumlichen Verknüpfung der geplanten Neubauten der Universität Frankfurt am Main und der beabsichtigten Bebauung des "Riedberg-Geländes" durch die Stadt Frankfurt am Main. 199 Seiten, 28 Abb., 1 Tab. DM 28,00. ISBN 3-923218-20-6.
2000	Nr. 28 JENS PETER SCHELLER, KLAUS WOLF unter Mitarbeit einer studentischen Projektgruppe: Lokale Agenda 21 in Frankfurt am Main. Ein Evaluationsbericht. 101 Seiten, 2 Tab., 9 Abb. DM 16,00. ISBN 3-923218-21-4.
2000	Nr. 29 MATTHIAS SCHNEIDER. Der deutsche Kongress- und Tagungsmarkt unter besonderer Berücksichtigung des Nachfragesegmentes „mittelständische Unternehmen". JOCHEN WÜRGES: Städtenetze als Perspektive der interkommunalen Zusammenarbeit. 203 Seiten. DM 36,80. ISBN 3-923218-22-2.
2000	Nr. 30 WOLF, KLAUS, CLAUDIA MARIA SCHOLZ und CHRISTIAN ROHRBACH: Der Langener Waldsee – Struktur und Potential einer regionalen Freizeiteinrichtung. 136 Seiten. DM 24,80. ISBN 3-923218-23-0.
2001	Nr. 31 WOLF, KLAUS und CHRISTIAN LANGHAGEN-ROHRBACH: Regionale Freizeiteinrichtungen im Rhein-Main-Gebiet: Teil A: Der Rodgausee – Struktur und Potential. Teil B: Badeseen der Region im Vergleich. 228 Seiten. DM 39,80. ISBN 3-923218-24-9.